| 台州小微金融改革系列丛书 |

In Taizhou

Small And Micro Enterprises Financial Service Reform

台州小微金融发展报告（2021）

浙江（台州）小微金融研究院
厦门大学信用大数据与智能风控研究中心 ◎联合编著
厦门大学数据挖掘研究中心

浙江工商大学出版社 | 杭州
ZHEJIANG GONGSHANG UNIVERSITY PRESS

图书在版编目(CIP)数据

台州小微金融发展报告. 2021 / 浙江(台州)小微金融研究院,厦门大学信用大数据与智能风控研究中心,厦门大学数据挖掘研究中心编著. —杭州:浙江工商大学出版社,2022.4

(台州小微金融改革系列丛书)

ISBN 978-7-5178-4897-4

Ⅰ. ①台… Ⅱ. ①浙… ②厦… ③厦… Ⅲ. ①中小企业—金融—研究报告—台州—2021 Ⅳ. ①F279.243

中国版本图书馆 CIP 数据核字(2022)第 056126 号

台州小微金融发展报告(2021)

浙江(台州)小微金融研究院
厦门大学信用大数据与智能风控研究中心 编著
厦门大学数据挖掘研究中心

策划编辑	郑　建	
责任编辑	郑　建	
封面设计	浙信文化	
责任校对	沈黎鹏	
责任印制	包建辉	
出版发行	浙江工商大学出版社	
	(杭州市教工路 198 号　邮政编码 310012)	
	(E-mail:zjgsupress@163.com)	
	(网址:http://www.zjgsupress.com)	
	电话:0571 - 88904980,88831806(传真)	
排　版	杭州朝曦图文设计有限公司	
印　刷	广东虎彩云印刷有限公司绍兴分公司	
开　本	710mm×1000mm　1/16	
印　张	10.25	
字　数	162 千	
版 印 次	2022 年 4 月第 1 版　2022 年 4 月第 1 次印刷	
书　号	ISBN 978-7-5178-4897-4	
定　价	59.00 元	

台州市小微金融改革系列丛书
编委会

主　任：林先华　崔凤军

副主任：马厉财　胡新民　喻晓岚　俞　威　李钧敏

成　员：杨耿彪　鲍大慧　钱　平　陈小军

　　　　王　钧　江建法　金时江　段文奇

编写人员

陈　耸　方匡南　王呈斌　张庆昭　熊俊玮

毛　凌　黄茂湘　周金龙　伍舒妮　汪潇颖

本书为以下项目资助成果：

国家自然科学基金面上项目"基于多源信息融合的高维分类方法及其在信用评分中的应用"（编号：72071169）；

教育部人文社科研究青年基金"基于半监督学习的消费金融风控方法与应用研究"（编号：20YJC910004）；

浙江（台州）小微金融研究院课题"台州市小微金融发展白皮书（2020）"。

前　言

2020 年是不平凡的一年，在这全面建成小康社会和"十三五"规划收官之年，我国社会与经济受到新型冠状病毒肺炎疫情和经济逆全球化的巨大影响，占据我国各类工商市场主体 95% 以上份量的中小微企业成为此次影响的"重灾区"。 与此同时，2020 年是《推进普惠金融发展规划（2016—2020年）》的最后一年，台州市作为全国小微企业金融服务改革创新试验区也已届满 5 年。

台州市作为民营经济强市、小微企业大市，其民营企业占全市企业总数的99%，提供了 80% 的就业岗位并创造了 90% 以上的地区生产总值，注册登记的小微企业近 19 万家，占企业总数的 90%。 2015 年，国务院常务会议决定建设国家级浙江省台州市小微企业金融服务改革创新试验区，旨在为小微金融改革发展提供可复制、可推广的经验。 在长期的改革实践中，台州市逐渐形成了独特的小微金融"台州模式"，为全国提供了一个值得借鉴的小微金融服务模式，具有小微金融"全国看浙江、浙江看台州"的美誉。

本报告聚焦于台州市小微金融发展现状，旨在阶段性地总结台州市小微金融在 2020 年的发展情况与小微金融"台州模式"的新内涵，进而传播与推广台州国家级小微金融改革实践的经验。 基于台州市金融服务信用信息共享平台的微观大数据，本报告对 2020 年台州国家级小微金融、小微企业的发展情况进行多层次、多角度的综合分析，以及对台州市的小微金融政策进行归纳和分析，并结合相关案例进行说明。 具体而言，本报告做了如下工作：（1）结合微观大数据和数字普惠金融指数对 2020 年台州市小微企业和小微金融服务的发展现状进行分析，并与新冠肺炎疫情暴发前的发展情况进行对比，以期对小微企业与小微金融服务当前发展态势及存在的问题有全面的了解；（2）基于金融机构、税务等多源数据首次编制了小微企业恢复指数，用来实时监测和分析台州市小微企业的复工复产情况；（3）对小微金融指数（台州样本）的总指数以及成长、服务和信用3个二级指数的运行情况进行分析，揭示小微企业发展运行情况、小微企业金融服务水平和信用状况，并与新冠肺炎疫情暴发前的运行情况进行对比；（4）归纳总结了"台州模式"中的金融科技发展模式与风险防控机制，结合具体案例做出说明，凝练台州实践的成功经验；（5）梳理了国家、省市区层面的小微政策扶持体系，并针对性地分析了台州市相关扶持政策，以期为地方政府后续出台小微扶持政策提供决策参考。

　　基于本报告的研究成果，我们总结了台州市小微金融、小微企业的发展现状与存在的主要问题，并为台州市高质量发展小微金融提供相关建议。本报告得出如下的主要结论：（1）新冠肺炎疫情影响下台州市小微企业生存风险加剧，其中批发业与零售业受影响最深、最广、最久；（2）台州市小微金融服务紧扣新冠肺炎疫情下的小微企业需求，不断践行"金融服务实体"的发展理念，助力复苏小微金融，进一步发展"台州模式"；（3）具有典型集聚特征的行业面临恢复困境，科技赋能下的教育行业迎来新的时代机遇，小微企业复工复产步伐加快、情况好转，于8月份基本恢复至上年同期水平；（4）小微金融总指数运行平稳但较去年有所下滑，台州市小微金融仍需砥砺前行；（5）台州市小微金融通过完善多层次服务体系、健全风险防控机制、优化营商环境等方式，不断丰富"台州模式"新内涵。

　　针对后续如何高质量发展台州市小微金融服务，本报告提出如下的发展建议：（1）在后新冠肺炎疫情时代，政府要进一步出台小微企业复工复产的扶持政策，着重发挥小微金融的引导性作用；（2）以数字金融为先驱，通过科技赋能推动产业链数字化升级；（3）持续加强小微金融的基础设施建设，包括大数据平台、风险防控体系、法律法规与会计制度等；（4）推动"融资、融智、融商"多元结合的小微金融服务体系建设；（5）加强小微金融人才培育，引进培养高层次的专项人才。

C目录
Contents

C 案例目录
ontents

1

台州市小微金融概况

1.1 本章概要

本章首先对小微金融、小微企业进行概念上的界定：小微金融是指正规金融机构和民间金融组织对小微企业、个体工商户、城乡社区居民的金融支持和金融服务；小微企业是指国家统计局制定的《统计上大中小微型企业划分标准（2017）》所划分的企业。

第一，本章阐述了新冠肺炎疫情下小微企业受到的冲击与负面影响。在2020年新冠肺炎疫情与经济逆全球化的影响下，小微企业存活率较上年出现大幅下降，且面临营收减少和流动性资金紧张等经营问题，大量企业遭遇生存危机。但台州市小微金融通过"两平台一基金"推动完善社会信用体系、加码金融政策支持、优化新冠肺炎疫情下的"台州模式"等措施，实现了"战疫"经济下的稳定发展。

第二，本章阐述了《台州市小微金融发展报告（2021）》的研究意义。其一，聚焦台州市小微金融与小微企业2020年发展状况，分析新冠肺炎疫情暴发前后发展与恢复情况；其二，总结归纳政策支持体系，助力后新冠肺炎疫情时代小微企业高质量发展；其三，提炼出台州市小微金融发展模式的新内涵，传播可推广、可复制的"台州经验"。

第三，本章给出后续的章节安排。第二章分析了台州市小微金融服务发展状况；第三章构建了小微企业恢复指数，监测小微企业的复工复产情况；第四章分析了台州市小微金融指数；第五章归纳了台州金融科技发展模式与风险防控；第六章总结了小微金融、小微企业相关的政策支持体系；第七章为结论与发展建议。

1.2 概念界定

近年来，我国大力深化金融供给侧结构性改革，不断增强金融服务实体经济的能力，其中一项重要任务是发展普惠金融。根据国务院印发的《推进普惠金融发展规划（2016—2020 年）》，普惠金融是指立足机会平等要求和商业可持续原则，以可负担的成本为有金融服务需求的社会各阶层和群体提供适当、有效的金融服务。小微金融作为普惠金融的重要组成部分，对小微企业获得针对性的金融服务有着重要的作用，是小微企业发展的活力源泉与重要保障。小微金融在国际上被界定为"为收入贫困阶层发放小额贷款的小型金融机构"，在国内被界定为"专门向小型和微型企业及中低收入阶层提供小额度的可持续的金融产品和服务的活动"。根据中国银监会发布的《关于进一步做好小微企业金融服务工作的指导意见》（银监发〔2013〕37 号），小微金融服务工作包括了银行业金融机构对小微企业的信贷资源投入、小微企业金融服务监测体系的完善和小微企业金融服务产品的创新等一系列内容。随着金融业的发展，目前各类金融机构基本都介入了小额贷款的业务。为顺应这一发展趋势，本报告将小微金融的定义扩展为：正规金融机构和民间金融组织对小微企业、个体工商户、城乡社区居民的金融支持和金融服务。本报告后续分析内容所提及的小微金融将采用该定义，并将服务对象聚焦于小微企业和个体工商户。

在中国民营经济蓬勃发展的背景下，小微金融服务对象中的小微企业具有着重要的地位，其发展将直接影响到国民经济与社会稳定。国家和政府一直以来高度关注和重视小微企业的发展：2002 年第九届全国人民代表大会常务委员会第二十八次会议通过了《中华人民共和国中小企业促进法》；2009年进一步颁发了《国务院关于进一步促进中小企业发展的若干意见》（国发〔2009〕36 号）。 2011 年小微企业概念被正式提出，小型企业、微型企业、家庭作坊式企业和个体工商户统称为小微企业。 为了更准确地划分企业类型，根据工业和信息化部、国家统计局、国家发展改革委员会、财政部在 2011年研究制定的《中小企业划型标准规定》，国家统计局基于《国民经济行业分类》（GB/T4754-2017），并结合了统计工作的实际情况，制定出《统计上大中小微型企业划分标准（2017）》。 依据该方法可以将各种组织形式的法人企业、单位和个体工商户划分为大、中、小、微型 4 种类型。 本报告后续分析内容所提及的小微企业均是采用国家统计局制定的《统计上大中小微型企业划分标准（2017）》进行划分的。

1.3 新冠肺炎疫情下小微企业的困境

2020 年是中华人民共和国历史上极不平凡的一年，我国社会与经济受到新型冠状病毒肺炎疫情（以下简称"新冠肺炎疫情"）的冲击和经济逆全球化的影响，全年 GDP 实现增速 2.3%，较上年增速下降 3.8 个百分点，其中第一季度 GDP 同比下降 6.8 个百分点，外商直接投资新设企业数同比下降 5.7 个百分点。 在多种不利因素共同叠加的局面下，小微企业成为此次影响的"重灾区"。 相比大规模企业，小微企业具有轻资产、高风险的特征，其抗风险能力较弱，加上小微企业难以获得稳定融资，因此其遭受的冲击更大、影响更深，面临着巨大的生存风险。

根据招商银行的小微企业调研[①]，新冠肺炎疫情冲击下，小微企业普遍对营收增长持有悲观态度。 受访企业中，75% 的企业面临着营收减少和流动资金紧张的问题，67% 的企业表示现金流支撑企业经营时间不超过 3 个月，超过

---

① 招商银行:《新冠肺炎疫情众生相:招商银行小微企业调研报告》,2020 年。

50％的企业认为新冠肺炎疫情对经营前景产生较大或严重影响，更有接近23％的企业遭遇生存危机。 廖理等通过追踪小微企业的生存状态，发现2020年小微企业存活率接近82％，相较上年下降了近12个百分点，具体如图1-1所示①。 同时，不同规模小微企业的存活率受新冠肺炎疫情影响存在差别，表现为规模越小的企业存活率受影响越大，其存活率较上年下降得越多。

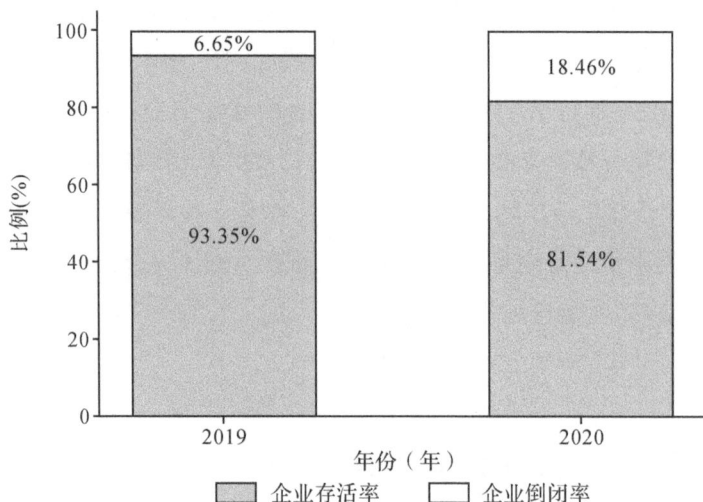

图1-1 小微企业生存状态

百年不遇的新冠肺炎疫情加上小微企业融资难的世界性金融难题，使得小微企业面临着最迫切的融资需求。 因此，新冠肺炎疫情期间有针对性地扶持小微企业，帮助小微企业摆脱困境并加快复工复产成为小微金融服务工作的重点内容。 在后新冠肺炎疫情时代，面对常态化防疫与经济下行因素的不利局面，小微金融更加需要有效解决小微企业在发展过程中面临的融资难、融资贵、融资慢等问题，进而使得民营经济特别是中小微企业迸发出经济增长新活力。

---

① 廖理、谷军健、袁伟等：《新冠肺炎疫情导致小微企业生存率下降》，《清华金融评论》2021年第2期，第107—112页。

1.4　小微金融"台州模式"与发展概况

　　党中央与国务院历来都高度重视小微金融服务工作。 在 2017 年全国金融工作会议上，习近平总书记指出"金融要把为实体经济服务作为出发点和落脚点，全面提升服务效率和水平"，点明了小微金融的服务重点在于为小微企业等服务对象带来优质、有效和高水平的金融服务。 在 2018 年的民营企业座谈会上，习近平总书记进一步强调了"要优先解决民营企业特别是中小企业融资难甚至融不到资问题，同时逐步降低融资成本""要切实解决中小微企业融资难融资贵问题"。 李克强总理多次主持召开国务院常务会议，研究部署深化小微企业金融服务，强调各有关方面要形成合力，下大力气推进降低小微企业融资成本工作，让企业真正得到实惠。

　　作为中国民营经济的发源地，台州早在 20 世纪 80 年代便诞生了中国第一家股份合作制企业，一直走在民营经济的前列，肩负着"再创民营经济新辉煌"的历史使命。 2012 年 12 月，台州凭借着一系列小微金融改革的成就，获浙江省人民政府同意建设省级小微企业金融服务改革创新试验区的批复。 2014 年，台州建立金融服务信用信息共享平台，并设立了中国大陆首个小微企业信用保证基金。 2015 年，台州开展商标专用权质押融资试点；同年，浙江（台州）小微金融研究院由台州市政府发起成立，并编制了全国首个小微金融指数。 经过 4 年磨剑，在 2015 年 12 月，国务院常务会议决定建设国家级台州市小微企业金融服务改革创新试验区，为小微金融改革发展提供可复制、可推广的经验。 此后，台州市小微金融改革持续发力，如借助移动互联网技术全面推广"移动工作站"，突破传统金融服务的时空局限；增加农村普惠金融贷款体量，用金融服务乡村振兴；创新政银合作模式，在全省率先推出"政银联通"工程，实现行政业务一站式代办。 经过一系列的小微金融改革，台州模式取得了累累硕果，在全国形成了广泛的影响。 台州也通过设立小微金融辖外分支机构、筹备开办"台州模式"展示馆和"普惠金融学院"等方式进一步推广小微金融改革经验。

　　"战疫"经济下，小微金融稳定发展。在 2020 年全球新冠肺炎疫情和逆全球化的特殊经济背景下，台州市及时加大金融扶持和出台政策兜底，在不抽贷、不断贷、不压贷的基础上，通过出台相关政策利好、持续增强对小微企业的信贷支持等方式，帮助小微企业度过新冠肺炎疫情寒冬，实现了小微金融的稳定发展。截至 2020 年末，台州市小微企业贷款余额为 4289.86 亿元，同比增长 21.98％，占全部贷款余额的 43.45％；小微企业贷款户数 43.46 万户，同比增长 3.58 万户；小微企业申贷获得率达到 93.12％，不良贷款率 0.60％，同比下降 0.19 个百分点。

　　"两平台一基金"推动完善社会信用体系。在破解小微金融融资攻坚战中，台州市政府推动了"两平台一基金"建设，即金融服务的信用信息共享平台、商标专用权质押平台和小微企业信用保证基金。2020 年，台州金融服务信用信息共享平台升级至 3.0 版本，截至年末已采集 30 个部门 118 个大类 4.09 亿条信用信息，覆盖全市 69 万家市场主体，累计查询量 1099 万次；商标专用权质押融资年度放贷达到 40.15 亿元，较去年增加 2.84 亿元，2020 年共办理商标质押登记 544 件，涉及注册商标 1287 件，质押金额达 49.86 亿元；小微企业信用保证基金累计担保授信金额达 448.82 亿元，服务企业达 24591 家，在保余额达 105.06 亿元，份额位居全省担保集团再担保业务第一。

　　加码金融政策支持，优化新冠肺炎疫情下的"台州模式"。在新冠肺炎疫情袭来之际，台州市政府与小微金融及时采取针对性措施，与小微企业携手共渡难关，最终实现 2020 年小微金融的稳定发展。台州市金融办牵头出台了《台州市金融系统支持企业复工"万员助万企"行动方案》，党政机关与金融机构共同积极帮助新冠肺炎疫情冲击下的小微企业，积极落实"六保六稳"工作任务内容。台州市小微企业信保基金第一时间推出了"防疫保"等相关专项产品，并通过延期还款和多项减费政策全面助力企业复工复产。在新冠肺炎疫情期间，信保基金确保业务不停歇，并号召各业务部门了解企业实际困难和资金需求，第一时间主动对接合作银行，为企业提供金融服务；台州银行认真贯彻《关于进一步对中小微企业贷款实施阶段性延期还本付息的通知》（银发〔2020〕122 号）、《关于加大小微企业信用贷款支持力度的通知》（银发〔2020〕123 号）等文件精神，通过主动对客户拜访送服务上门、多渠道引进低成本资金加大信贷投放、提供利率优惠减免利息、创新推出"战疫接力贷"等专属产品为小微企业纾困。

1.5 研究意义

本报告依托台州市金融服务信用信息共享平台的微观大数据，结合相关案例对 2020 年台州市小微金融发展进行多方面、多角度、多层次的分析，主要研究意义如下：

第一，聚焦台州市小微金融与小微企业 2020 年发展状况，分析新冠肺炎疫情暴发前后发展与恢复情况。本报告基于台州市金融服务信用信息共享平台和小微指数等关键微观数据，对 2020 年台州市小微金融与小微企业的发展做出全方面、多角度的分析。一是利用 2017—2020 年的数据，综合分析小微金融与小微企业的发展；二是构建台州市小微企业恢复指数，用于科学度量小微企业受到新冠肺炎疫情冲击后的恢复情况。本报告通过对数据的细致分析，以期对 2020 年台州市小微金融与小微企业的发展有一个全局洞悉，并有针对性地挖掘出存在的问题以及寻求相应对策。

第二，总结归纳政策支持体系，助力后新冠肺炎疫情时代小微企业高质量发展。新冠肺炎疫情肆虐之际，为了帮助广大小微企业脱困，小微金融再加码金融政策扶持，从国家到地方陆续推动出台了一系列惠企政策，帮助小微企业复工复产。本报告将从国家、省市两个层面进行重点归纳，在原有的小微政策支持体系上补充完善新冠肺炎疫情时期针对小微企业复工复产的政策，并针对性地分析台州市相关的扶持政策。本报告将科学梳理这一政策支持体系框架，以期在后新冠肺炎疫情时代为地方政府出台相关扶持政策及小微金融针对性制定金融产品提供一定的决策参考，进而更好助力小微企业的高质量发展。

第三，提炼出台州市小微金融发展模式的新内涵，传播可推广、可复制的"台州经验"。台州市作为国家级小微企业金融服务改革创新试验区已经届满 5 年，改革期间积极推动小微金融数字化改革，持续优化"台州模式"，交出了一份凝聚"台州智慧"的答卷。本报告将在《台州市小微金融服务发展报告（2020）》的基础上，对台州市小微金融做出阶段性总结，包括小微金融科技、风控模式与信用评价标准化体系等内容，并结合案例进行说明，旨在为全国布点小微金融服务机制体制、信用体系基础设施建设及数字普惠金融发展等方面提供台州实践、台州经验和台州样板。

1.6 研究内容

本报告研究内容的后续安排如下：第二章将对 2020 年台州市小微金融服务发展状况做出多角度、多层次的细致分析；第三章将基于多源数据构建小微企业恢复指数，反映出小微企业在新冠肺炎疫情中和后新冠肺炎疫情时代的恢复情况；第四章将针对台州市小微金融指数进行分析，包括总指数与各二级指数，并对 2020 年前后运行状况进行对比；第五章将归纳总结出台州金融科技发展模型与风险防控机制，并结合案例进行说明；第六章将梳理国家层面、省市层面有关小微企业复苏的政策支持体系，以及归纳出台州市小微金融的相关举措；第七章是结论与建议。报告的研究脉络图如图 1-2 所示：

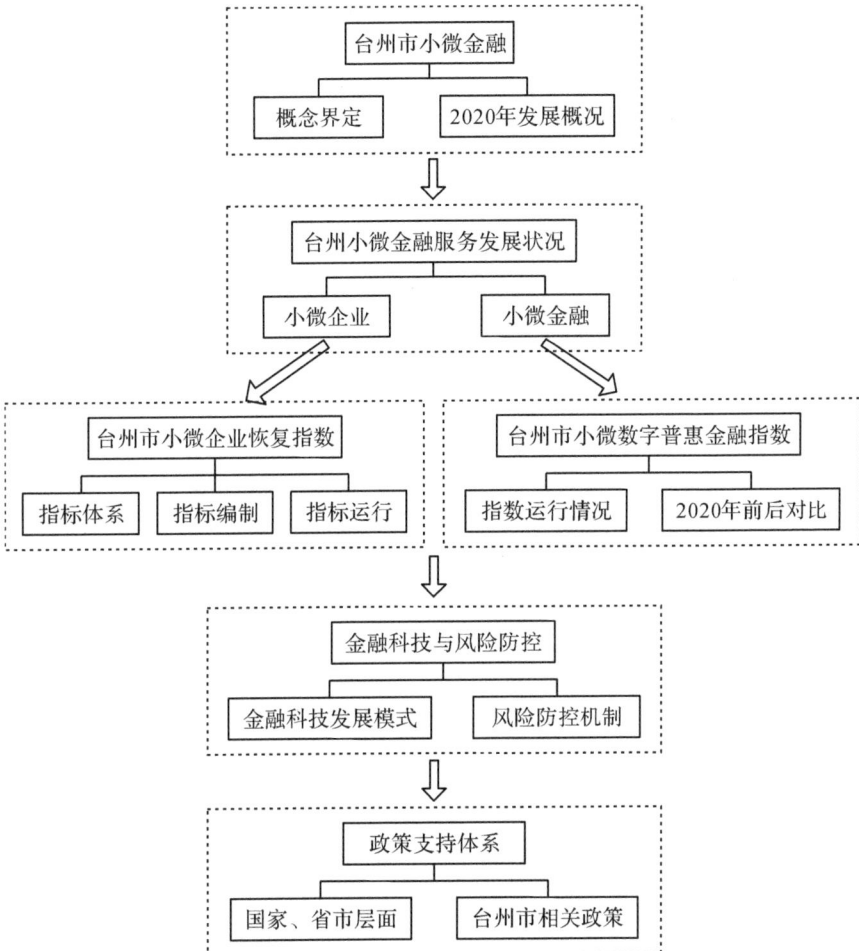

图 1-2　台州市小微金融服务发展报告 (2021) 脉络图

2

台州市小微企业与小微金融发展现状

2.1 本章概要

　　新型冠状病毒肺炎疫情的暴发严重影响了我国经济的发展。 其中，小微企业和小微金融由于体量小、抗风险能力弱，所受冲击较大。 本章以 2019 年 12 月底为界划分新冠肺炎疫情暴发前后时期，并充分分析台州市金融服务信用信息共享平台提供的 2017—2020 年小微企业和小微金融微观数据（内含工商信息、经营情况、融资情况等多维度信息），对比、总结新冠肺炎疫情前后小微企业与小微金融的微观指标变化情况，阐述 2020 年台州市小微企业和小微金融的发展现状，进而提出新冠肺炎疫情影响下台州市小微企业、小微金融面临的新挑战与新机遇。 具体结论分述如下：

　　第一，小微企业方面：其一，新冠肺炎疫情影响下，住宿和餐饮业、批发和零售业两类行业的注销比例上升、生存周期缩短，因盲目扩张以致关停的小微企业数量有所增多；其二，"电商合作""直播带货"等新模式、新场景的繁荣发展为小微企业的经营注入活力；其三，减税降费、"证照分离"等改革措施为小微企业的收入和营利保驾护航；其四，政府部门积极出台帮扶措施，优化营商环境，进一步稳定就业、发展经济，帮助小微企业产业转型升级，把握时代机遇。

第二,小微金融方面:其一,受新冠肺炎疫情影响,小微企业授信需求下降、授信总额下滑,城市商业银行的帮扶效果有所减弱,而农村合作金融机构的小微企业贷款户数跃居第一;其二,各金融机构积极出台"减轻还款负担"等措施,从资金帮扶和信用借贷角度助力小微企业复工复产,使得小微企业的贷款余额上升、不良贷款余额下降,保险机构的保费收入回暖转增;其三,各地区尤其是椒江区的数字普惠金融事业日益成熟;其四,各金融机构继续紧扣小微企业需求,不断践行"金融服务实体"的发展理念,进一步发展"台州模式"。

本章将重点进行新冠肺炎疫情发生前和新冠肺炎疫情时期小微企业和小微金融发展情况的对比分析,主要内容分为三部分:其一,从数量、生存周期、经营风险等小微企业相关指标,分析 2020 年小微企业的发展现状;其二,从存贷款余额、不良贷款余额、信贷需求与供给等小微金融相关指标,分析 2020 年小微金融的发展现状;其三,结合数字普惠金融指数,对台州市小微企业和小微金融的发展做出补充分析。

2.2　2020 年小微企业发展现状

2.2.1　小微企业新增数量逆势增长

2017—2020 年台州市小微企业注册数量如图 2-1 所示,2017—2019 年小微企业的新注册数量分别为 94951 家、90470 家、94160 家,而 2020 年这一数量达到 152531 家,增幅超过 60%,为近 4 年来的最高水平。

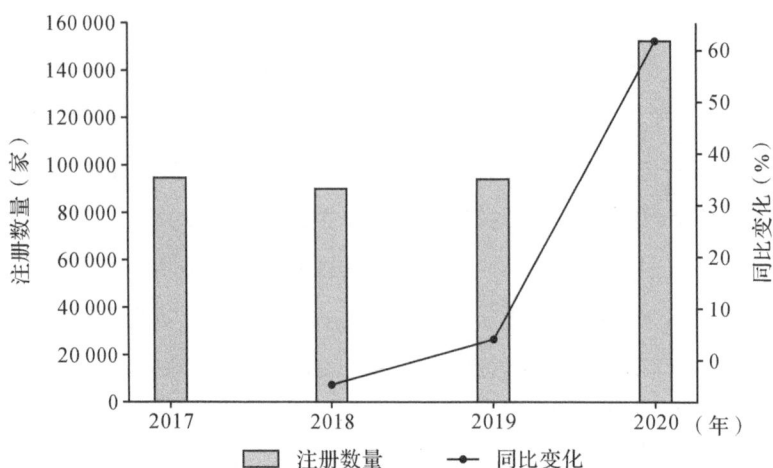

图 2-1 2017—2020 年台州市小微企业注册数量

对比 2017—2020 年各月份台州市小微企业新注册数量,结果如表 2-1 所示。 2020 年,小微企业注册数量经历了先下降后增长的变化波动。 首先,第一季度的注册数量同比平均下降 25.39%,其中 2 月份的降幅最大,达 76.73%。 其次,相比于 3 月份,4 月份第一次出现正增长,增幅为 4.41%,5 月份和 6 月份则出现大幅增长,增幅分别为 383.58% 和 246.14%。 这与 2020 年浙江省的新设市场主体数量变化趋势相同①。 此外,在注册的绝对数量方面,小微企业在第二季度的新注册数量总和为 80578 家,占全年数量的 52.83%。

表 2-1 2017—2020 年各月份小微企业注册数量

时间	2017 年	2018 年	2019 年	2020 年	2020 年同比变动(%)
1 月	4852	8848	7500	5484	−26.88
2 月	4925	3239	4070	947	−76.73
3 月	9331	7424	8763	8740	−0.26
4 月	6998	9666	10170	10618	4.41

---

① 2020 年,浙江省新设市场主体增幅在第二季度出现拐点,从一季度的 −25.5% 升至 16.3%。

时间	2017 年	2018 年	2019 年	2020 年	2020 年同比变动（%）
5 月	9228	9065	8859	42840	383.58
6 月	8393	7384	7835	27120	246.14
7 月	9501	7294	7471	10304	37.92
8 月	9365	7370	6949	10605	52.61
9 月	7976	8241	8856	9277	4.75
10 月	8229	6988	6892	8204	19.04
11 月	7496	7011	8304	10153	22.27
12 月	8657	7940	8491	8239	−2.97
合计	94951	90470	94160	152531	61.99

2020 年小微企业数量的急速增长，与营商环境不断优化、政府出台各种补助扶持政策等因素密切相关。在营商环境方面，台州市持续推进"多审合一、多证合一"和"证照分离"两项改革。一方面，"多审合一、多证合一"是对企业的投资项目审批的优化改革，有利于进一步持续降低制度性交易成本，激发市场活力，营造更加便利的办事创业环境；另一方面，"证照分离"改革进一步区分"证"与"照"的功能，分类改革涉企许可的事项，将直接涉及公共安全和人民群众生命健康等特殊重点领域之外的经营自主权归还给企业，降低了市场主体的准入准营门槛，有利于鼓励创业者创业，是完成新冠肺炎疫情突发背景下"保市场主体"目标的有力举措。此外，政府方面也出台了大量相关政策扶持小微企业。2020 年 3 月 10 日，浙江省出台了《关于进一步支持小微企业渡过难关的意见》，明确提出要降低小微企业要素成本、减轻小微企业税费负担、强化对小微企业的金融支持；而台州市政府开展的对小微企业的"两直"补助（即新增财政资金直达市县基层、直接惠企利民）也激发了创业者创立小微企业的积极性。在多种因素的共同作用下，2020 年台州市小微企业新注册数量上升迅速。

2017—2020 年台州市小微企业的注销数量分析结果如图 2-2 所示。2017—2020 年小微企业注销数量呈现下降趋势，其中 2020 年比 2019 年注销数量减少 1750 家，下降幅度达 11.04%。

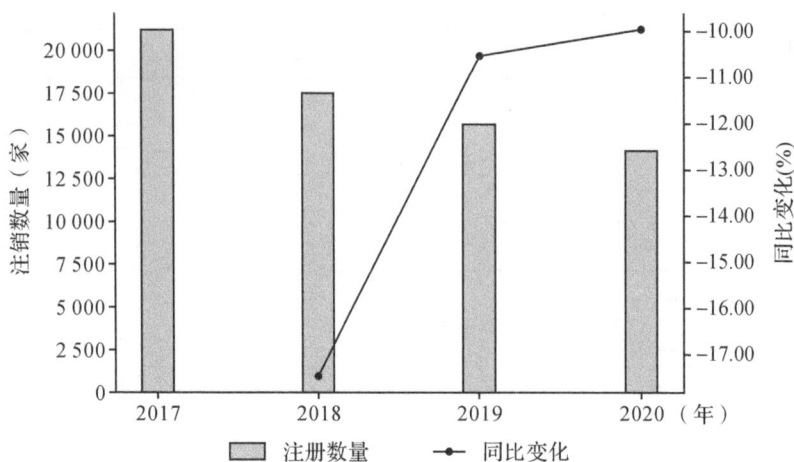

图 2-2　2017—2020 年台州市小微企业注销数量

　　而小微企业的净增数量等于新注册数量减去注销数量，因此 2020 年小微企业的净增数量达到了 138425 家，增幅为 76.34%，均为近 4 年来的最高水平，变化情况如图 2-3 所示。

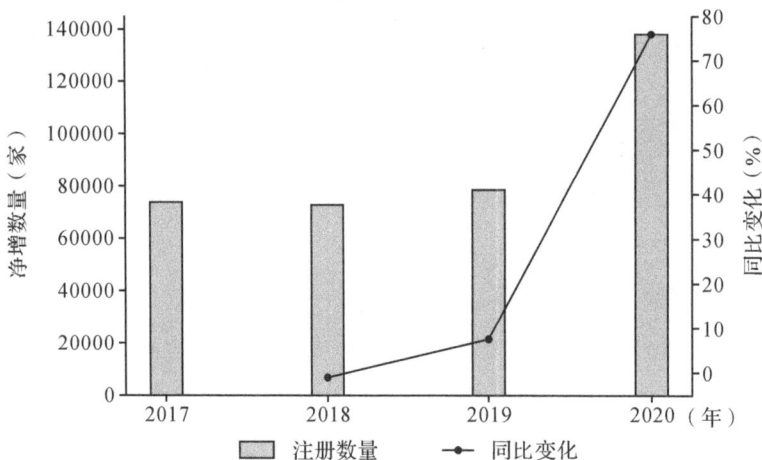

图 2-3　2017—2020 年台州市小微企业净增数量

2.2.2　新增小微企业地域分布广泛，温岭市、临海市占比最大

　　小微企业广泛分布于台州的各个县（市、区），2017—2020 年各县（市、

区）小微企业的注册数量如表 2-2 所示。 在注册数量方面，2020 年温岭市新注册 33423 家小微企业，占比 24.12％，新增数量及占比均列第一；位列第二的是临海市，新增 17997 家小微企业，占比为 12.99％。 在注册数量的变化幅度方面，2020 年仙居县的新增数量相较于 2019 年增加了 123.03％，其次是温岭市的118.81％。这一现象反映出:温岭市、临海市是小微企业的主要新增地，仙居县的小微企业新增能力较强。 新增小微企业数量下降幅度最大的是市辖区，降幅为 58.91％，说明市辖区小微企业正逐渐向各区县迁移。

表 2-2   2017—2020 年台州各县(市、区)小微企业注册数量

区县	2017 年	2018 年	2019 年	2020 年	2020 年变动(%)	2020 年各县(市、区)占比(%)
黄岩区	13796	11170	10197	14747	44.62	10.64
椒江区	9246	8457	9058	12160	34.25	8.78
临海市	11789	13827	14411	17997	24.88	12.99
路桥区	13500	12545	11452	16477	43.88	11.89
三门县	4006	4024	5931	10917	84.07	7.88
市辖区	3630	3824	4687	1926	−58.91	1.39
天台县	7459	6532	9587	6946	−27.55	5.01
温岭市	16466	15289	15275	33423	118.81	24.12
仙居县	4945	4923	5311	11845	123.03	8.55
玉环市	9866	9676	8114	12136	49.57	8.76
合计	94703	90267	94023	138574	47.38	100.00

2.2.3 小微企业注销数量逐年下降

小微企业的注销数量自 2017 年以来一直在下降。 2020 年小微企业的注销数量为 14106 家，同比下降 11.04％。 如表 2-3 所示，2020 年上半年度，小微企业在各月份的注销数量几乎都低于去年同期水平；2020 年下半年度则反之。 其中 2 月份的降幅最大，同比下降 83.89％，只有 130 家小微企业注销；12 月份的增幅最大，同比增加 35.04％，注销数量达到 1557 家。 2020 年 4 月份是该年注销数量最多的月份，有 1816 家小微企业注销。

表 2-3　2017—2020 年各个月份小微企业注销数目

时间	2017 年	2018 年	2019 年	2020 年	2020 年同比变化(%)
1 月	803	1710	1403	704	−49.82
2 月	1813	979	807	130	−83.89
3 月	1473	1628	2079	1147	−44.83
4 月	1178	1581	1873	1816	−3.04
5 月	1391	1707	1589	1418	−10.76
6 月	1995	1814	1393	1688	21.18
7 月	1798	1901	1534	1375	−10.37
8 月	2229	1692	907	1070	17.97
9 月	2242	1505	1028	1106	7.59
10 月	1652	914	773	841	8.80
11 月	2496	1041	1124	1254	11.57
12 月	2139	1034	1153	1557	35.04
合计	21209	17506	15663	14106	−11.04

　　具体到行业，如图 2-4 所示，2017—2020 年，住宿和餐饮、制造、批发和零售三个行业的小微企业注销占比之和均在 60% 以上。 其中住宿和餐饮业的注销占比由 2017 年的 1.38% 增至 2020 年的 2.11%，呈现出逐年递增趋势；批发和零售业的注销占比也呈现出递增趋势，2020 年的注销占比为 37.10%，为近 4 年以来的最大值；制造业的注销占比虽有所下降，但 2020 年仍维持在 23% 左右。 2020 年住宿和餐饮业、批发和零售业的注销占比之所以能达到近 4 年来的最高水平，是因为新冠肺炎疫情的冲击。 受新冠肺炎疫情影响，消费者居家时间明显较以往更长，而住宿和餐饮业普遍存在"三高一低"（房租高、人力成本高、食材成本高、毛利低）问题，固定成本压力大；批发和零售业也因交通管制而周转不开。

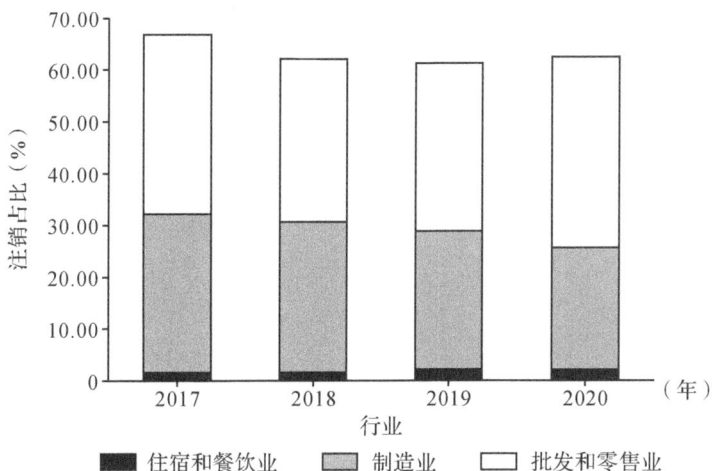

图 2-4　2017—2020 年小微企业三大行业注销占比

2.2.4　小微企业注册资本水平略有下降,批发和零售业降幅较大

2017—2020 年小微企业注册资本的均值逐年波动,2020 年均值为 22.53 万元,标准差为 33.49 万元。 具体数据如表 2-4 所示。 2020 年小微企业注册资本的 25％分位数、50％分位数、75％分位数分别为 2 万元、7 万元、20 万元,表明大部分小微企业的注册资本不超过 20 万元,过半的小微企业注册资本少于 10 万元。 这一情况和 2018 年相类似。

表 2-4　2017—2020 年新成立小微企业注册资本描述性统计(单位:万元)

时间(年)	均值	标准差	25％分位数	50％分位数	75％分位数
2017	19.92	31.18	2	5	20
2018	21.27	32.47	2	6	20
2019	25.77	35.83	2	10	30
2020	22.53	33.49	2	7	20

小微企业的注册资本存在行业差异,分析结果如图 2-5 所示。 住宿和餐饮业的注册资本整体偏低,中位数约为 5 万元。 2020 年制造业的注册资本和 2019 年的水平大致相平,中位数均在 10 万元左右。 而批发和零售业的注册资本在新冠肺炎疫情发生前和新冠肺炎疫情时期的变化较为明显。 2019 年批

发和零售业的注册资本中位数约 10 万元，而 2020 年则下降为 5 万元左右。
这说明新冠肺炎疫情对批发和零售业中的小微企业影响较大。

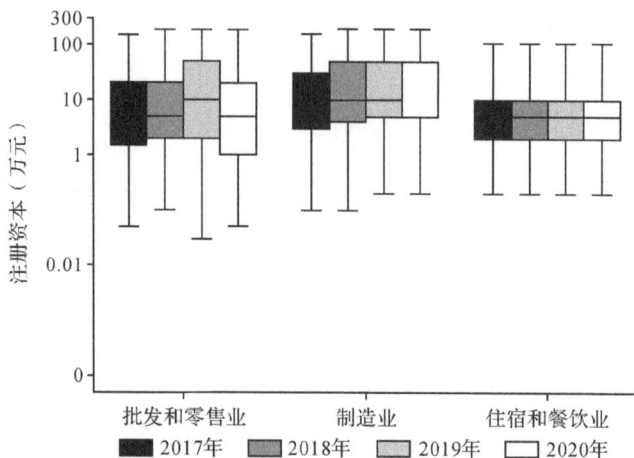

图 2-5　2017—2020 年台州市小微企业注册资本箱线图

相比于新冠肺炎疫情发生之前，2020 年批发和零售业的月注册资本总量
下降幅度较大，结果如图 2-6 所示。批发和零售行业中的小微企业的总注册资
本在 2020 年 3 月达到全年 22 亿元左右的峰值，并在之后持续走低，并在 2020
年 7 月份开始低于前 3 年的同期水平。这种注册资本总量低于新冠肺炎疫情发
生之前的状况与新冠肺炎疫情带来的影响不无关系。新冠肺炎疫情时期，人们
在线下零售市场的消费显著降低，再加上物流、货运等通道被阻断，这使得批发
和零售行业的市场受到较大影响。

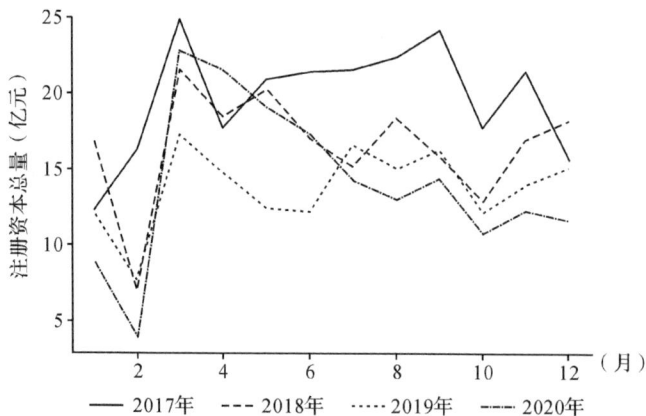

图 2-6　2017—2020 年批发和零售业注册资本总量月度变化图

2.2.5 小微企业经营风险较高,盲目扩张占比明显提高

小微企业的关停原因较为多样,具体情况如图 2-7 所示。 2017—2020年,关停的小微企业中有 59.19％因经营不善关闭,说明小微企业自身的经营问题是导致其关停的主要因素。 此外,担保偿债和高息借款两类资金短缺问题占比 11.21％,这说明小微企业的融资压力比较大,自身信用问题较为突出。

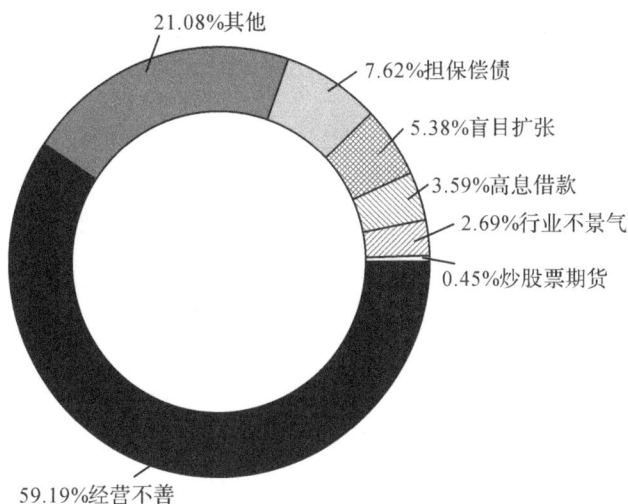

21.08%其他

7.62%担保偿债

5.38%盲目扩张

3.59%高息借款

2.69%行业不景气

0.45%炒股票期货

59.19%经营不善

图 2-7 2017—2020 年企业关停各原因占比

依次分析 2017—2020 年各年关停原因的占比变化,如图 2-8 所示。2017—2019 年因盲目扩张而关停的小微企业比例先升后降:由 4.76％升至6.25％,再降至 3.08％。 但该比例在 2020 年却升至 9.8％。 因此,新冠肺炎疫情发生之前,小微企业的盲目扩张趋势得到一定的遏制,但因新冠肺炎疫情缘故再次明显上升。 这一方面是因为新冠肺炎疫情属于始料未及的突发公共卫生事件,另一方面是因为小微企业主对新冠肺炎疫情的影响估计不足,未及时对企业的扩张计划做出调整。

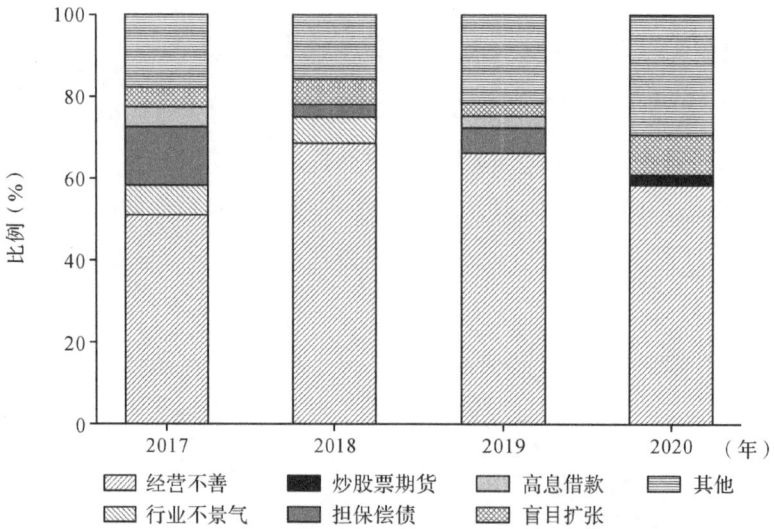

图 2-8 2017—2020 年企业关停各原因年度对比

2.2.6 小微企业生存周期差异大

台州市近 4 年注销的小微企业的生存周期概率密度曲线如图 2-9 所示。注销的小微企业的生存周期呈现出明显的右偏分布，在经营 2 年后进行注销的小微企业居多，说明部分小微企业生存周期较短，但也有经营 40 年后注销的企业，说明各企业生存周期长短不一。

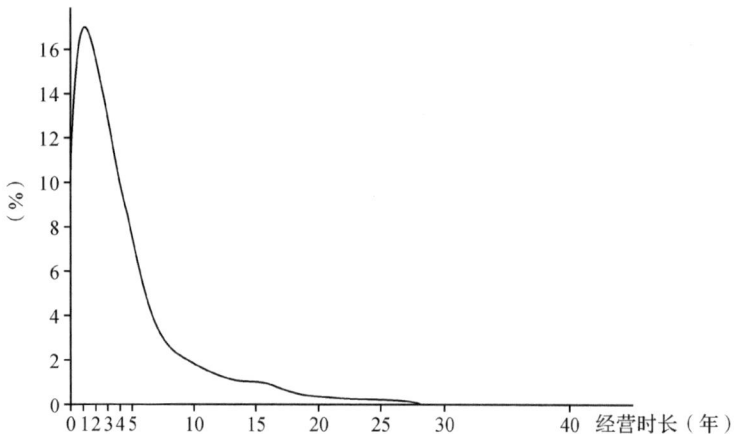

图 2-9 2017—2020 年台州注销的小微企业生存周期概率密度曲线

各年注销的小微企业的生存周期分析结果如图 2-10 所示。 2017—2020 年注销小微企业的生存周期中位数在 3 年左右，2020 年注销小微企业的生存周期分布相比于 2019 年显得更加均匀。 具体到行业，如图 2-11 所示，批发和零售业、住宿和餐饮业的生存周期较短，绝大部分在 5 年以下，少部分可达到 12 年左右，制造业的经营时长稍长。 此外，2020 年批发和零售业、住宿和餐饮业的经营时长中位数（分别为 2.34 年、2.58 年）均短于 2019 年的经营时长中位数（分别为 2.80 年、2.87 年）。 这说明新冠肺炎疫情的发生加快了批发和零售、住宿和餐饮行业的小微企业的注销速度，批发和零售业、住宿和餐饮业的生存周期缩短。

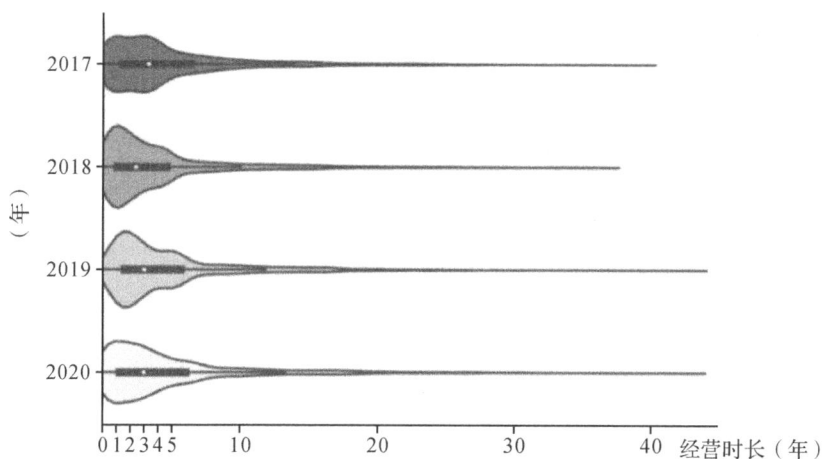

图 2-10   2017—2020 年台州注销小微企业生存周期各年分布图

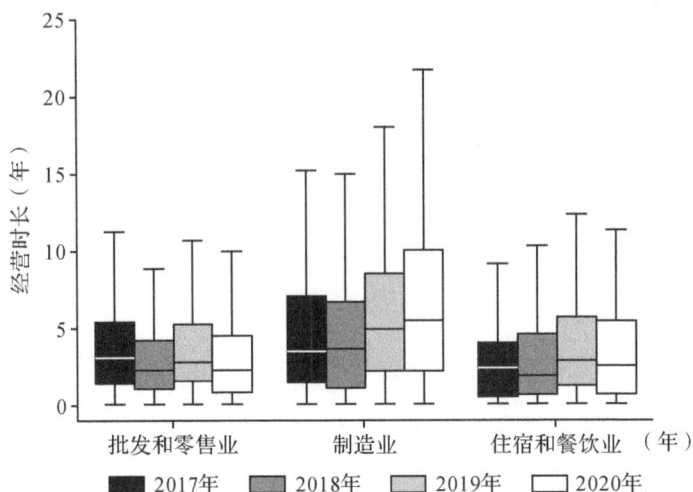

图 2-11　2017—2020 年台州注销小微企业生存周期行业分布图

2.2.7　小微企业纳税总额下降,减税降费政策效果明显

2017—2020 年台州市小微企业已缴税额总量的分析结果如图 2-12 所示。已缴税额总量自 2018 年以来逐年减少,2020 年已缴税额总量为 51.99 亿元,比 2019 年同比下降 18.24％。

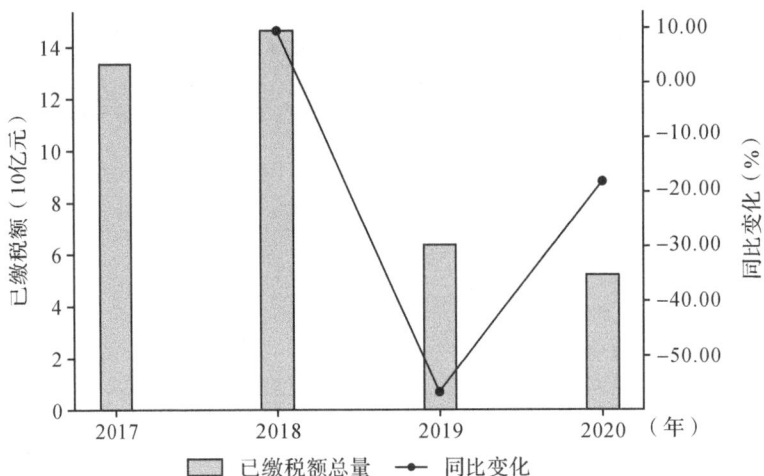

图 2-12　2017—2020 年台州市小微企业已缴税额总量

　　小微企业已缴税额的描述性统计分析结果如表 2-5、图 2-13 所示。 2020 年台州市小微企业平均每户缴税 3.37 万元，缴税额是近 4 年以来的最小值。 2020 年小微企业已缴税额的 25％分位数、50％分位数、75％分位数分别为 0.07 万元、0.95 万元、4.19 万元，数字特征和 2019 年相似。 2017 年已缴税额的数字特征和 2018 年相似。 相较于后两年，2017、2018 年已缴税额的均值更大，每户分别为 8.73 万元、9.20 万元。

表 2-5　2017—2020 年台州市小微企业已缴税额描述统计(单位:万元)

时间(年)	均值	标准差	25％分位数	50％分位数	75％分位数
2017	8.73	16.22	0.30	1.76	8.72
2018	9.20	16.81	0.32	1.93	9.52
2019	3.95	6.27	0.12	1.14	5.05
2020	3.37	5.60	0.07	0.95	4.19

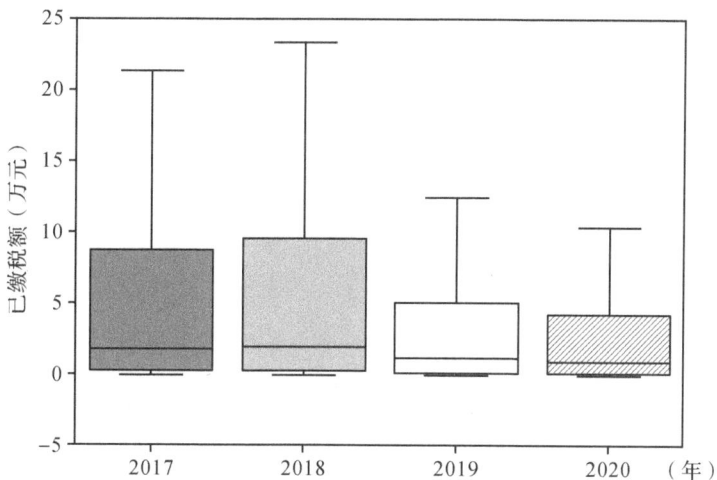

图 2-13　2017—2020 年台州市小微企业已缴税额箱线图

　　已缴税额在年份上出现的大落差可能与近两年出台的政策有关。 2019 年我国出台了规模空前的减税降费政策，诸如《关于实施小微企业普惠性税收减免政策的通知》（财税〔2019〕13 号）、《关于小规模纳税人免征增值税政策有关征管问题的公告》（国家税务总局公告 2019 年第 4 号）、《关于深化增值税改革有关政策的公告》。 在政策作用下，2019 年全年减税降费数额达到

2.36万亿元,其中新增减税 1.93 万亿元,小微企业减税 2832 亿元①。 2020年,在严峻复杂的形势下,我国连续发布实施了 7 批 28 项减税降费政策,继续加码减税降费力度,新增减税降费规模超过 2.6 万亿元。

2.2.8 小微企业销售收入逆势增长,复工复产效果良好

2017—2020 年小微企业的各月销售收入总量的分析结果如图 2-14、表 2-6 所示。 台州市小微企业的月度销售收入呈现出明显的季节周期特征,即销售收入总量的大小在第一季度适中,在第二、三季度增长较快,在第四季度表现出较低水平。

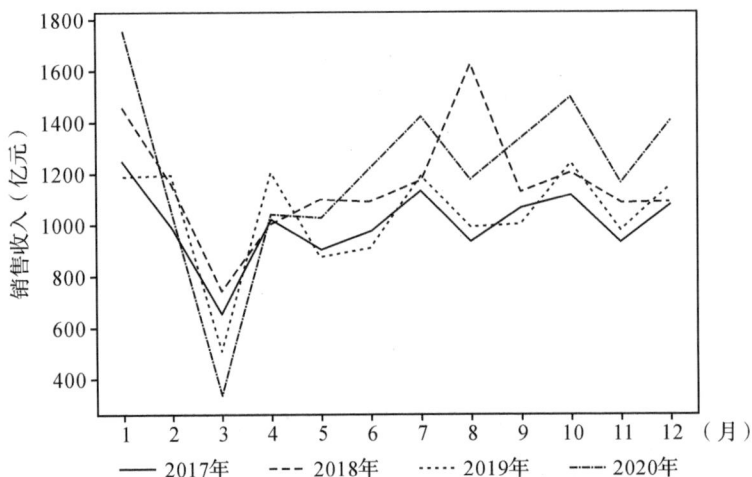

图 2-14 2017—2020 年台州市小微企业销售收入月度变化图

表 2-6 2017—2020 年台州市小微企业销售收入季度统计表(单位:亿元)

年份	第一季度	第二季度	第三季度	第四季度
2017	2886.29	4032.86	4043.11	1078.17
2018	3356.57	4365.79	5037.48	1089.33
2019	2887.57	4171.89	4213.24	1151.92
2020	3139.19	4707.88	5172.68	1406.78

① 数据来源于《国务院关于 2019 年中央决算的报告》

小微企业各年销售收入总量的分析结果如表 2-7 所示。 2020 年小微企业销售收入总量为 14426.53 亿元,同比增长 16.11%。 这一增长变化和台州市政府响应国家号召、推进小微企业复工复产密切相关。 例如,2020 年台州市政府鼓励"直播带货",推动小微企业与拼多多、小红书等电商平台进行合作,并在第二、三季度开展"千店万铺连一家"等全民促销活动。 结合台州市小微企业销售收入的季节周期效应和新冠肺炎疫情时期的复工复产号召,2020 年台州市小微企业的销售收入总和最终超过 2019 年,并且高于 2018 年的 13849.27 亿元。

表 2-7　2017—2020 年台州市小微企业销售收入总量(单位:亿元)

时间(年)	销售收入	同比变化(%)
2017	12040.43	——
2018	13849.27	15.02
2019	12424.62	−10.29
2020	14426.53	16.11

2.3　2020 年台州市小微金融发展现状

2.3.1　台州金融业增加值增速较快,保费收入回暖转增

2020 年台州市金融业增加值增速较快,实现增加值 413.99 亿元,同比增长 9.4%,是服务业增加值(2669.73 亿元)的 15.51%、全市生产总值(5262.72 亿元)的 7.87%①。

2020 年台州辖内现有银行业金融机构 44 家,证券期货机构 129 家,保险业金融机构 57 家,小额贷款公司 28 家,民间融资中心 7 家。 各机构的占比如图 2-15 所示。 其中,银行业金融机构、证券期货机构的数量均保持去年水

---

① 数据来源于台州市人民政府金融工作办公室:《台州金融动态年报(2020 年度)》,第 1 页。

平。 保险业金融机构相较去年增加了 3 家，保费收入为 219.25 亿元，同比增长 13.87%。 保险业的增长现象可能与互联网保险的增长和政策鼓励有关。 互联网保险方面，新冠肺炎疫情除引发人们对自身保障的再思考之外，还刺激了大众的保险意识与需求，再加上"直播带货"等新型销售方式，互联网保险的转化率得到提高。 政策鼓励方面，新冠肺炎疫情期间，继重疾定义、重疾发病率修订陆续征求意见后，银保监会又发布《关于长期医疗保险产品费率调整有关问题的通知》，这为险企提供了保费复苏、加大保险销售力度的契机。

2020 年，全市证券经营机构代理总交易额为 4.50 万亿元，同比增长 60.39%；实现营业收入 11.08 亿元，同比增长 53.81%；利润总额 4.80 亿元，同比增长 79.50%。 全市期货经营机构代理交易额为 2.32 万亿元，同比增加 49.81%；实现营业收入 2853.79 万元，同比增加 23.76%；利润总额 461.58 万元，同比增加 52.38%。 这主要是因为受新冠肺炎疫情和外围市场影响，二级资本市场波动较大，投资者偏好短期投资机会，交易操作频繁[①]。

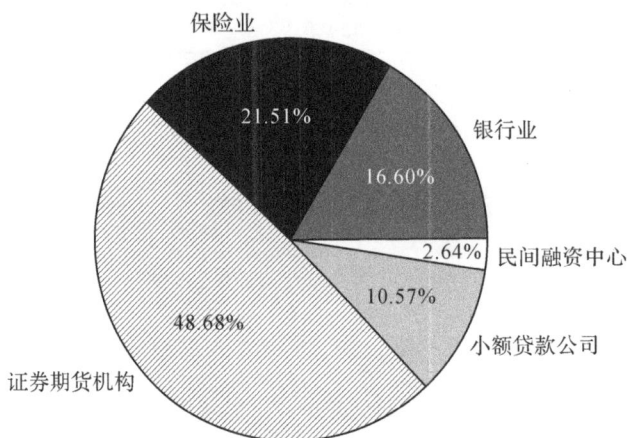

图 2-15 2020 年台州各类金融机构占比

---

① 数据来源于台州市人民政府金融工作办公室：《台州金融动态年报（2020 年度）》，第 13—14 页。

2.3.2 台州银行业存贷款余额继续上升,不良贷款余额稍有下降

台州银行业各项存款余额的分析结果如图 2-16 所示。 2017—2020 年台州银行业各项存款余额逐年递增,增速大于 10%。 2020 年各项存款余额达到 10630 亿元,比 2019 年增加 1173 亿元,增幅为 12.4%。

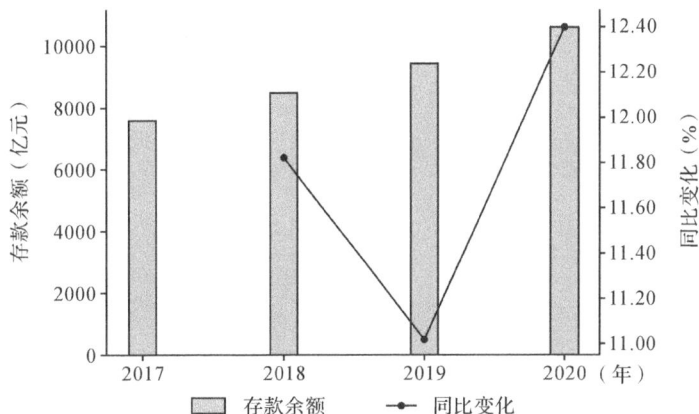

图 2-16 2017—2020 年各项存款余额

与各项存款余额相似,2017—2020 年台州银行业各项贷款余额也逐年递增,递增情况如图 2-17 所示。 截至 2020 年末,台州银行业各项贷款余额为 9872.25亿元,比上年增加 1329.06 亿元,增幅为 15.56%。

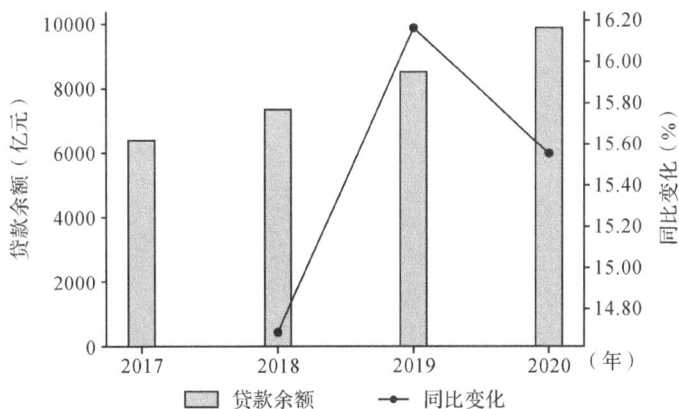

图 2-17 2017—2020 年各项贷款余额

如图 2-18 所示,2020 年台州银行业的不良贷款余额为 67.30 亿元,比 2019 年下降 4.65%,这说明银行的资产质量得到优化。 因此,结合存贷款余额、不良贷款余额的变化情况,台州银行业的资产质量较好。

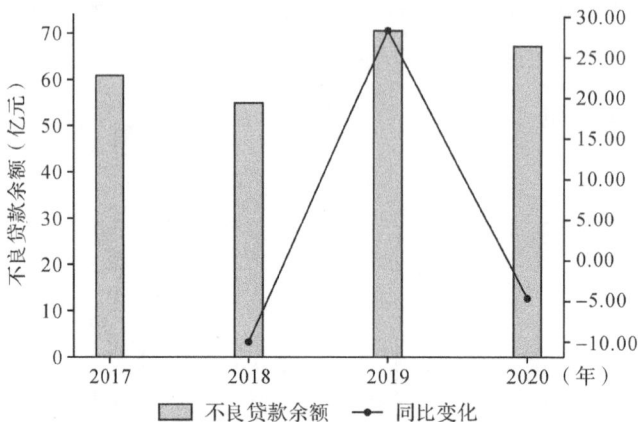

图 2-18 2017—2020 年不良贷款余额

2.3.3 小微企业不良贷款结构得到优化

根据贷款五级分类标准,贷款可以分为正常、关注、次级、可疑、损失 5 类,其中后 3 类即为不良贷款。

2017—2020 年台州市小微企业的不良贷款分布情况如图 2-19 所示。 不良贷款中,次级贷款占比 59.51%,可疑贷款占比 35.10%,损失贷款占比 5.39%,次级贷款占比最大。

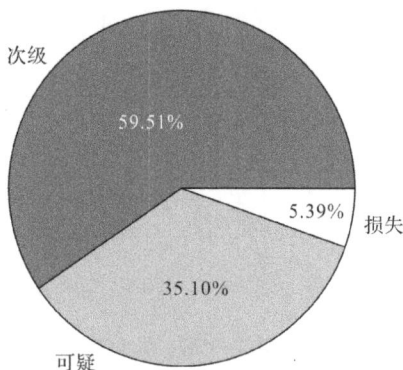

图 2-19 2017—2020 年各类不良贷款占比

各年份的不良贷款结构如图 2-20 所示。 在 2020 年的不良贷款中，次级贷款、可疑贷款、损失贷款分别占比 77.42%、22.31%、0.27%。 在 2019 年的不良贷款中，次级贷款、可疑贷款、损失贷款分别占比 67.78%、32.22%、0%。 因此，2020 年的不良贷款结构和 2019 年基本保持一致，并继续保持 2017 年以来可疑贷款占比下降的趋势。 这说明在新冠肺炎疫情时期，小微企业的不良贷款结构继续得到优化，损失贷款占比继续得到控制。

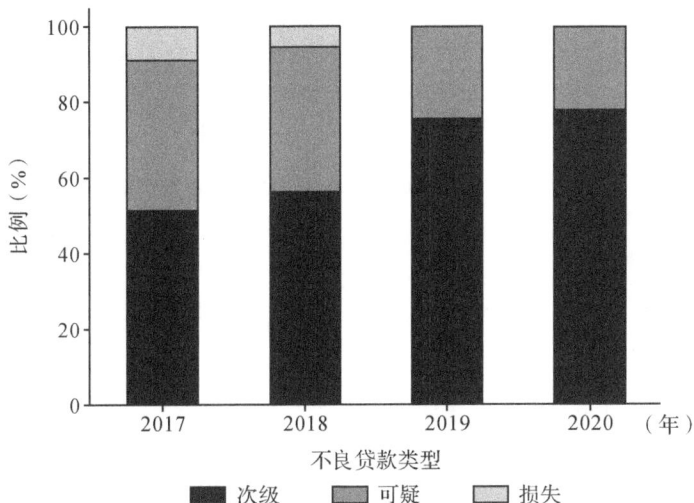

图 2-20　2017—2020 年小微企业各类不良贷款年度占比

2.3.4　小微企业不良贷款余额下降明显

小微企业不良贷款数量、不良贷款余额的分析结果如图 2-21、2-22 所示。 在不良贷款数量方面，2020 年的不良贷款数量为 381 笔，比 2019 年减少 108 笔，降幅为 22%，并达到 2017 年以来的最低水平。 在不良贷款余额方面，2020 年的不良贷款余额比 2019 年大幅减少，并达到近 4 年来的最低水平。

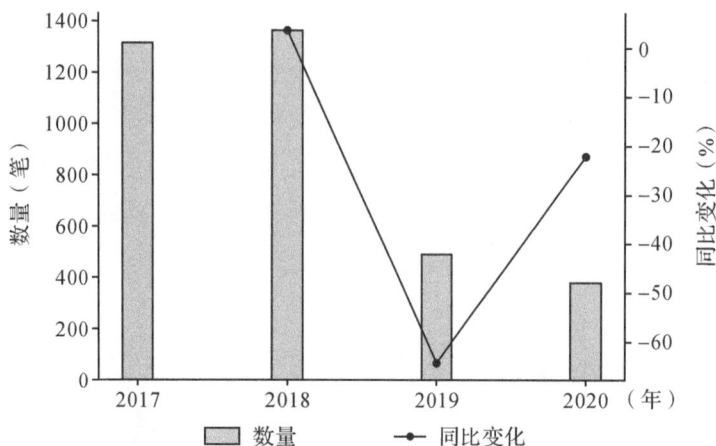

图 2-21   2017—2020 年小微企业不良贷款数量

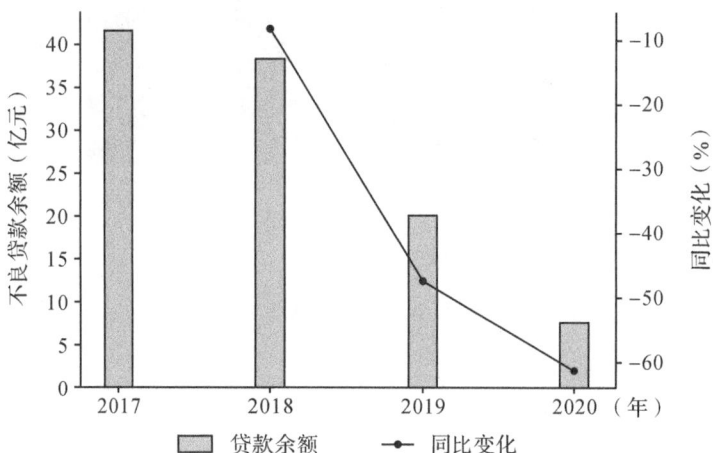

图 2-22   2017—2020 年小微企业不良贷款余额

小微企业不良贷款数量和余额的下降与银保监会出台减轻小微企业还贷压力的措施和加强不良贷款风险的控制有关。 在减轻小微企业还贷压力方面，银保监会考虑到新冠肺炎疫情期间绝大部分企业不能按时还款是因为外部因素造成的暂时性经营困难，因而采取了一些阶段性的政策措施（如鼓励银行对企业阶段性地延期还款付息等）。 以台州市为例，中国工商银行玉环分行实行了"减轻还款负担"的措施，即新冠肺炎疫情期间到期贷款可延长 15—180 天使用期限，宽限期内不认定逾期，不计收罚息，不上报征信；中国建设银行台州分行对受新冠肺炎疫情影响还款困难的小微企业及因新冠肺炎疫情管控未按时还款的小微企业采取了征信保护,综合运用中期流贷、无还本续贷、年审制方式,帮助小微企业减少还本次数,减轻普惠客户还贷资金压力。在加强不良贷款的风险控制方面,银保监会强调,在新冠肺炎疫情过去和正常生产经营活动恢复后,小微企业仍不能还本付息的贷款应该计入不良贷款。在这种"既给压力,又给动力"的政策措施的作用下,台州市小微企业的不良贷款余额及数量均下降,信贷风险保持控制。

2.3.5 授信需求下降,信贷供给充足

小微企业授信数量的分析结果如图 2-23 所示。 2017—2020 年台州市小微企业的授信数量先增后减:2018 年小微企业的授信数量达到 20 万户,增幅为 60%,2019 年则维持这一高水平;但 2020 年小微企业的授信数量为 12.7 万户,回到 2017 年的水平,降幅达 35%,是近 4 年来降幅最大的年份。 这可能是因为在新冠肺炎疫情的冲击下,小微企业经营风险较高,授信需求下降。

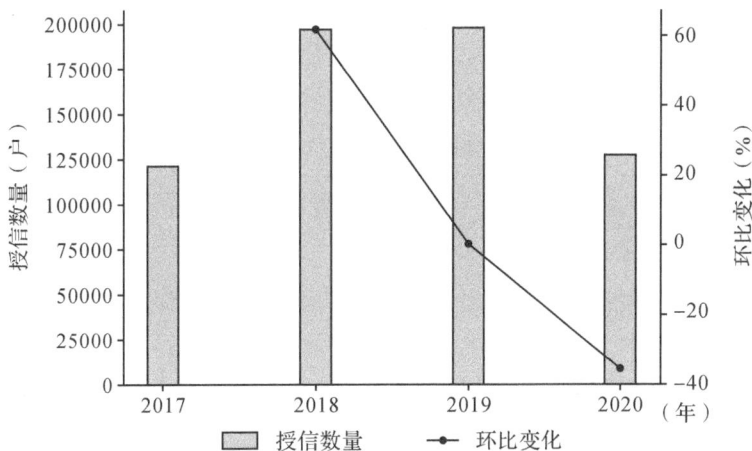

图 2-23 2017—2020 年台州市小微企业授信数量变化图

小微企业授信需求的分析结果如图 2-24 所示。 2017—2020 年台州市小微企业授信需求先增后减:2018 年小微企业的授信需求大幅提高,增幅为 175%,达到 33000 亿元;2019 年则下降 21%,但仍维持在 25000 亿元以上的较高水平;2020 年小微企业的授信需求下降 43%,缩水近乎一半,降至 15000

亿元。 授信需求与授信数量的变化保持一致，再次说明新冠肺炎疫情显著降低了台州市小微企业对授信资金的需求。

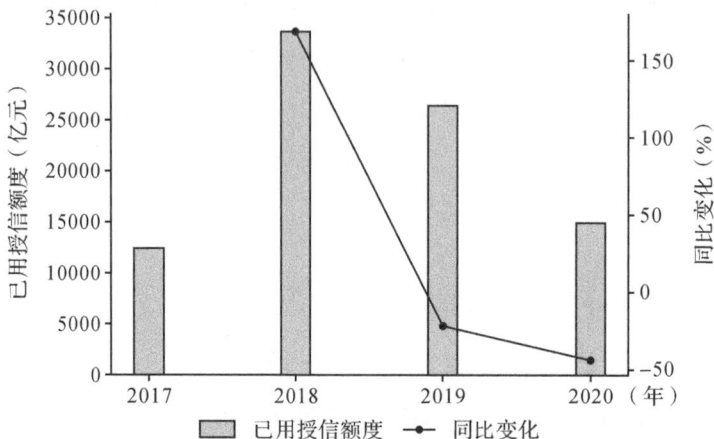

图 2-24 2017—2020 年台州市小微企业已用授信额度变化图

在授信供给与授信需求方面，如图 2-25 所示，2017—2020 年台州市小微企业授信额度和已用授信额度走势基本一致。 特别是在新冠肺炎疫情时期，授信的超额供给在整体上要高于 2017 年的授信超额供给，这可能与新冠肺炎疫情时期台州各银行出台的金融授信政策有关。 自新冠肺炎疫情发生以来，绍兴银行、中国建设银行、中国邮政储蓄银行等各自的台州地方银行和农商银行相继响应政府号召，提高授信总额以帮扶小微企业复工复产。 以中国建设银行台州分行为例，仅截至 2020 年 6 月末，该分行已为 100 余户小微企业额外增加 1 亿余元额度授信，用以支持新冠肺炎疫情防控和相关企业复工复产。

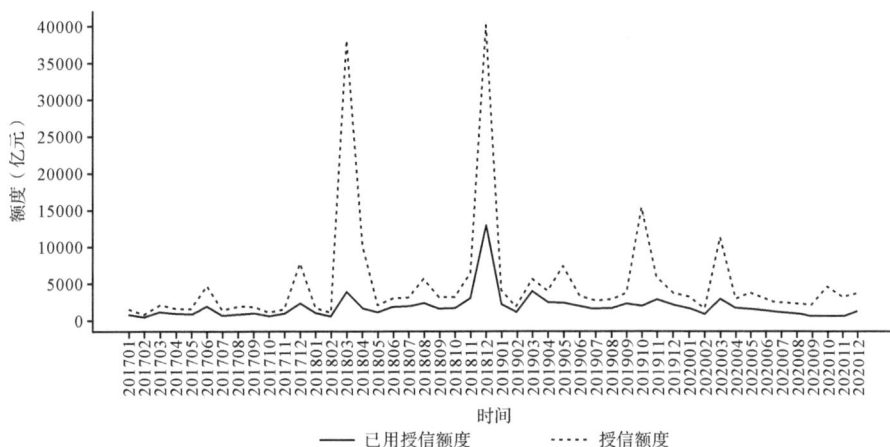

图 2-25　2017—2020 年台州市小微企业授信与已用授信额度月度变化图

　　台州地区的授信机构可以分为大型国有商业银行与政策性银行、全国性股份制商业银行、城市商业银行、农村商业银行、村镇银行及其他银行，其中前 4 类银行发挥了主要作用。 如图 2-26 所示，2017—2020 年以来，大型国有银行一直是台州市小微企业已用授信总额的主要提供者。 2020 年大型国有银行的已用授信总额占比 55％，比 2019 年增加 15 个百分点，这说明自新冠肺炎疫情发生以来，大型国有银行是在授信方面帮扶小微企业的主要支持力量。

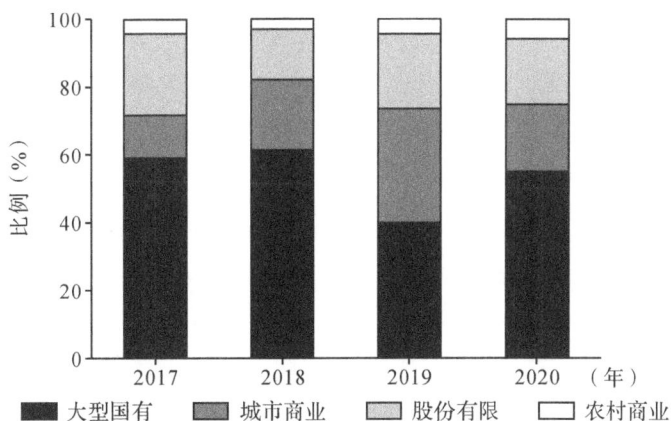

图 2-26　2017—2020 年各类银行各年度的已用授信总额占比

在已用授信总额的绝对数量方面,如图 2-27 所示,2020 年各类银行的已
用授信总额相对 2019 年均具有较为明显的下降,其中城市商业银行的降幅最
大,由 8900 亿元下降至 3000 亿元,缩水近 2/3。 这说明城市商业银行对小微
企业的帮扶作用在新冠肺炎疫情的冲击下削弱较大。

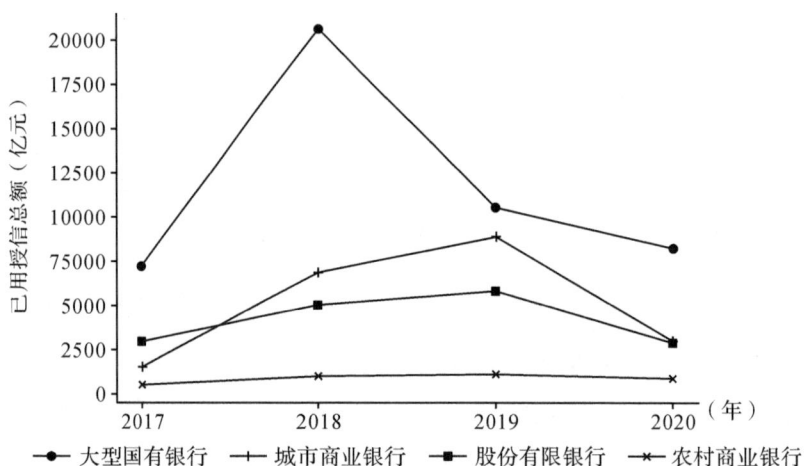

图 2-27　2017—2020 年各类银行各年度的已用授信总额

2.3.6　农村合作金融机构贷款吸纳户数首次超过城市商业银行

2017—2020 年小微贷款总户数方面,如图 2-28 所示,2020 年小微企业法
人贷款 43.46 万户,比 2019 年增加 3.58 万户,增加将近 9%,是近 4 年增速
最快的年份。 就整体而言,自 2017 年以来,台州市小微企业贷款户数保持了
较为稳定的增长。 近 4 年来不同类型银行的小微企业贷款户数如图 2-29 所
示。 截至 2020 年末,农村商业银行吸纳的贷款户数达到 16.88 万户,近 4 年
来首次超过城市商业银行吸纳的贷款户数,跃居第一;股份制银行的吸纳户数
保持 2017 年以来的平稳变化;国有银行的吸纳户数达到 5.26 万户,比 2019
年增加 0.88 万户,继续保持 2017 年以来的增长趋势;城市商业银行的吸纳户
数自 2017 年以来占比一直较高,于 2020 年达到 16.31 万户,比上年稍有增
加。 这说明,国有银行虽然在授信总额上处于优势地位,但在吸纳户数方面
反而不及农村合作金融机构。 这是因为相比于大型国有银行,农村合作金融

机构具有网点多、网点分布广、发展灵活等优势。

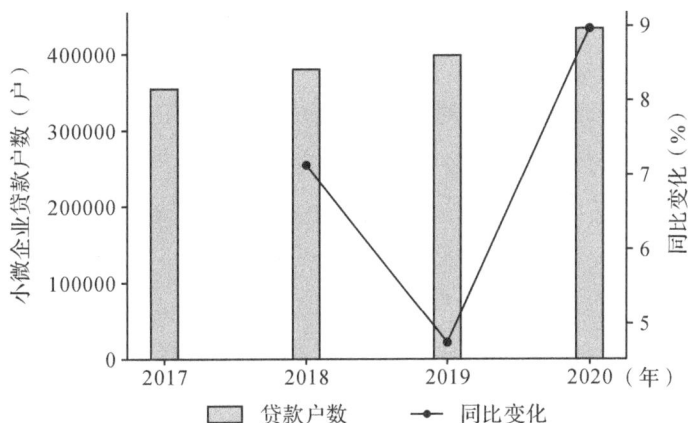

图 2-28   2017—2020 年小微企业贷款总户数

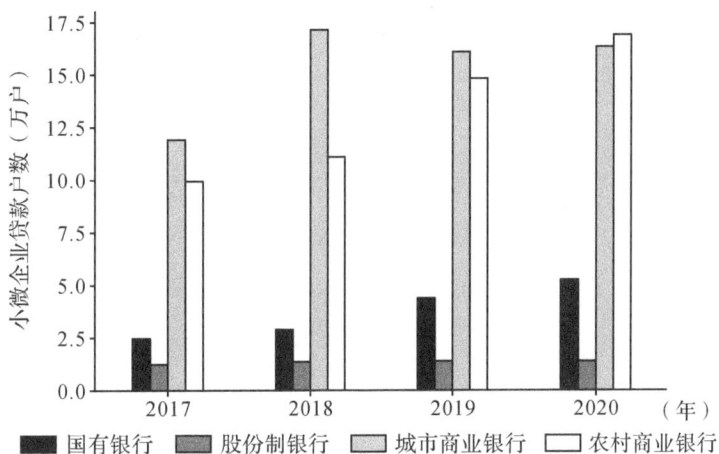

图 2-29   2017—2020 年小微企业贷款户数各银行分布

2.3.7   小微企业贷款余额递增明显,小微企业贷款积极性提高

在小微企业贷款余额方面,如图 2-30 所示,2017—2020 年小微贷款余额呈现出明显的递增趋势,平均增速为 15.52%。 截至 2020 年末,台州市小微企业贷款余额为 4289.86 亿元,同比增长 21.98%,占全部贷款的 43.45%,余额值是 2017 年的 1.57 倍。 这种增长变化与贷款市场报价利率(LPR)改

革和台州市银行出台相关措施有关。 LPR 改革方面，台州市银行积极响应中国人民银行的继续深化 LPR 改革政策的号召，在深化 LPR 改革的同时，引导贷款利率继续下行。 这有利于提高小微企业的贷款积极性。 台州市银行出台相关措施方面，新冠肺炎疫情时期，各银行相继出台措施进行贷款的减息降利并利用互联网、大数据技术辅助贷款手续的办理，不断缩短贷款时间，为小微企业贷款提供便利。 因此在新冠肺炎疫情时期，台州对小微企业的信贷投放总量仍然持续增长。

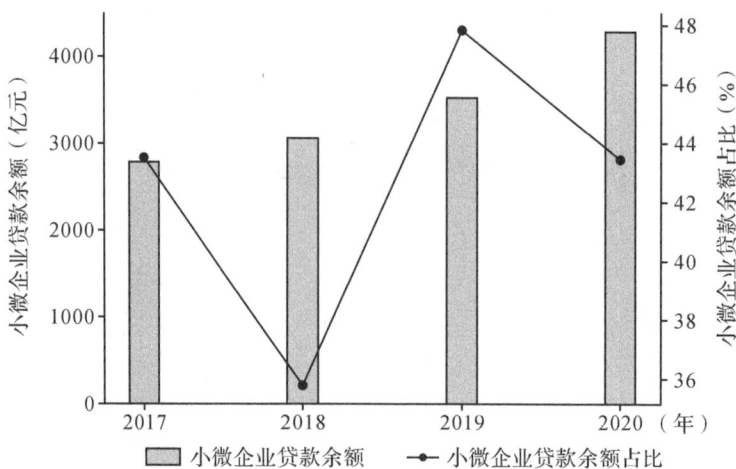

图 2-30 2017—2020 年小微企业贷款余额

2.4 台州数字普惠金融指数分析[①]

习近平总书记在 2017 年全国金融工作会议上指出，要建设普惠金融体系，加强对小微企业、"三农"和偏远地区的金融服务。 普惠金融是指能有效和全方位地为社会所有阶层和群体提供服务的金融体系，因而本身就和小微企业具有天然的联系。 随着数字经济的发展，通过互联网信息技术手段与

---

① 郭峰、王靖一、王芳等:《测度中国数字普惠金融发展:指数编制与空间特征》,2020年第 19 卷第 4 期,第 1401—1418 页。

传统金融服务业态相结合的新一代金融服务——数字金融已成为普惠金融发展的重要源动力和增长点，其能满足那些通常难以享受到金融服务的中小微企业和低收入人群的需求。 为更好地分析台州市小微企业和小微金融的发展现状，本章在此引用"北京大学数字普惠金融指数"。

北京大学数字普惠金融指数是北京大学数字金融研究中心和蚂蚁集团研究院的研究团队利用蚂蚁集团关于数字普惠金融的海量数据编制的，旨在保护金融消费者个人隐私和金融机构商业秘密的同时，为社会各界提供一套反映中国数字普惠金融发展现状和演变趋势的工具性数据。 该指数覆盖了中国内地 31 个省（市、区）、337 个地级以上城市（地区、自治州、盟等），以及约 2800 个县（县级市、旗、市辖区等）3 个层级，不仅在时间上纵向可比，还在地域上横向可比。

2017—2020 年台州数字普惠金融指数的变化情况如图 2-31 所示。 2020年台州市的数字普惠金融指数为 290.21，相比于 2019 年增加 11.29，增幅为4.05％。 2018 年数字普惠金融指数的增幅最大，为 6.89％。 2017—2020年，台州数字普惠金融指数保持增长的趋势，但是增长速度有所放缓。 这表明台州的数字普惠金融市场日益成熟，数字普惠金融行业开始由高速增长阶段向常态增长阶段过渡。

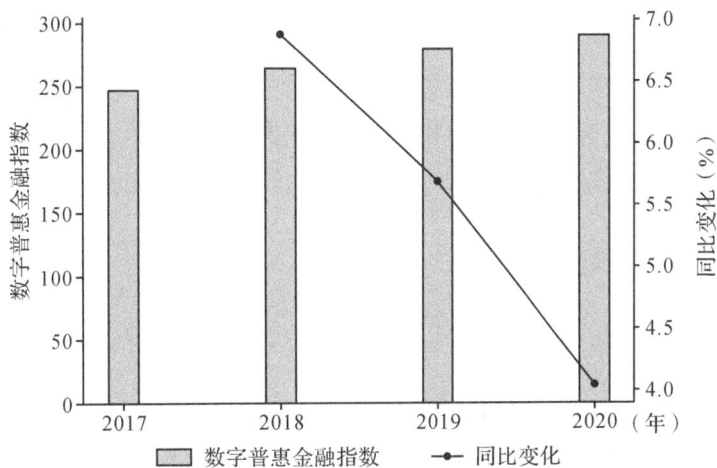

图 2-31　2017—2020 年台州市数字普惠金融指数变化图

　　台州市各地区的数字普惠金融指数变化情况如图 2-32 所示①。 2017—
2020 年,台州各县(市、区)的数字普惠金融指数值均保持递增趋势,椒江区
的数字普惠金融指数值一直高于其他县(市、区),并在 2020 年达到 34。 这
说明,各地区的数字普惠金融发展日益成熟,椒江区表现优异。 此外,各地
区的数字普惠金融指数在 2019 年的增加值均不小于 5,最大增加值为 8,并且
增加数量比 2018、2020 年大。 这意味着 2019 年台州各地区的数字普惠金融
发展较快。

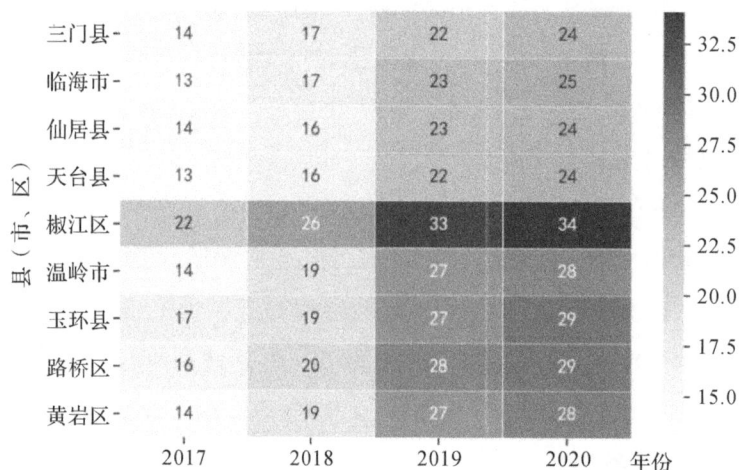

图 2-32　2017—2020 年台州各县(市、区)数字普惠金融指数变化图

　　近 4 年来,杭州市的数字普惠金融指数均领先于其余地级市,与台州市的
发展差距也逐年拉大。 在与台州市直接相邻的地级市中,金华市、温州市、
宁波市的数字普惠金融发展较快,这说明台州市的数字普惠金融事业发展潜
力较大。

---

　　①　为便于直观展示台州市各地区的数字普惠金融指数的变化情况,此图依据各地区
的数字普惠金融指数减去 100 后的值绘制而成。例如,图中椒江区 2017 年的数字普惠金融
指数值为 22,实际值为 122。

3

台州市小微企业恢复指数

3.1 本章概要

由于新冠肺炎疫情对台州市小微企业造成巨大冲击，国家及地方省市相继出台众多相关措施以推动企业有序复工复产。 为及时监测台州市小微企业在新冠肺炎疫情下及后新冠肺炎疫情时代的经济活动恢复情况，度量新冠肺炎疫情给台州市小微企业带来的具体影响，本章节基于收入、支出、现金流等经营类数据构建台州市小微企业综合恢复指数，并阐述多指标恢复指数评价体系设计原则及所涉及指标的具体含义。

本章采用主客观赋权法计算指标体系综合权重，并根据该综合权重计算2020 年台州市小微企业遭受新冠肺炎疫情冲击后的综合恢复指数。 结合综合恢复指数，本章对后新冠肺炎疫情时代台州市小微企业的各行业恢复状况做出详细分析，并提出下述重要结论：

第一，总体而言，虽然台州市小微企业受新冠肺炎疫情影响严重，经营压力巨大，但复工复产政策成效显著，企业经营状况整体恢复明显，于 8 月份基本恢复到上年同期水平，恢复速度快、质量高，且具有一定的抗干扰能力，较为稳健。

第二，就具体行业而言：其一，金融业在新冠肺炎疫情期间发展迅速，逆势而上；其二，线上教育行业发展态势良好，科技赋能，迎来巨大机遇；其三，新冠肺炎疫情极大地限制了人员流动与人员活动场所，严重依赖于人流量的文化、体育和娱乐业以及住宿和餐饮业受到重创，相对其他行业而言需要更长的恢复时间。

第三，新冠肺炎疫情是台州市小微企业发展过程中面临的一个巨大危机，但于危机之中求变局，于变局之中寻转机，是企业生命力的重要体现。得益于各级政府对台州市小微企业复工复产的政策支持与企业自身坚韧不拔、创新求变的优良特质，台州市小微企业才得以渡过难关，继续发挥"台州模式"，为台州市、浙江省乃至全国注入经济新动能。

3.2 指标体系构建

在严峻的形势下，为有效防控新冠肺炎疫情的快速传播，国家出台了众多强有力的防控措施，全国上下举力同心，共同抗疫。2020年1月22日，国务院建立联防联控机制，次日武汉市"封城"，随后全国各省市陆续启动重大突发公共卫生事件一级响应。为坚决遏制新冠肺炎疫情扩散，浙江省各地迅速行动。1月24日，全省启动一级响应后的第二天，台州就实行市、县、乡、村（社区）全面发动，实施"九个一律"，包括对密切接触者一律采取隔离措施，公众聚集场所一律临时关闭，公众集聚活动一律取消，重点区域及主要道路出入口等一律实施体温测量和检疫检查等，果断进入最高戒备状态，坚决切断新冠肺炎疫情传播渠道。由于人流、物流的严格限制，台州市小微企业受到了前所未有的冲击。

直至2月中旬，在新冠肺炎疫情得到较好控制的情况下，为保障我国经济平稳运行、持续向好发展，同时为新冠肺炎疫情防控提供充足的物资保障，为稳定经济社会大局提供有力支撑，除湖北省外的其他省市陆续开始复工复产，但此时大多数企业仍然面临着物资短缺、人员不足等各种困难。

为保障复工复产的有序进行，国家、省市层面分别出台了众多相关政策。

早在 2 月 9 日，工业和信息化部就印发了《关于应对新型冠状病毒肺炎疫情帮助中小企业复工复产共渡难关有关工作的通知》，提出全力保障企业有序复工复产，进一步加强对中小企业的财政扶持、金融扶持、创新支持、公共服务，进一步加强统筹协调 6 方面的 20 条举措以帮助广大中小企业坚定信心，实现有序复工复产，渡过难关。在党中央政策的指导下，浙江省迅速响应复工复产号召。2020 年 2 月 28 日，浙江省新冠肺炎疫情防控领导小组在《关于有序推进企业恢复生产确保全省经济社会平稳运行的通知》中要求落实好精准适度的防控措施，有序推进复工复产。在确保新冠肺炎疫情防控到位的前提下，各地各部门要因地因时引导企业逐步恢复生产。随后浙江省住房和城乡建设厅、浙江省市场监督管理局、浙江省农业农村厅、浙江省财政局、浙江省新型冠状病毒肺炎疫情防控工作领导小组办公室等机构相继下发有关促进各行各业复工复产的相关通知，提出支持小微企业渡过难关的若干举措。3 月 12 日，浙江省新型冠状病毒肺炎疫情防控工作领导小组发布《关于进一步支持小微企业渡过难关的意见》（下文简称《意见》）。《意见》包括降低小微企业要素成本、加大对小微企业复工复产的支持、减轻小微企业税费负担、强化对小微企业的金融支持以及其他事项，旨在进一步帮助小微企业渡过难关，加大复工复产支持力度。3 月 21 日，浙江省新型冠状病毒肺炎疫情防控工作领导小组正式发布了《大力实施减税减费减租减息减支共克时艰行动方案》，紧密结合"三服务"活动，落实落细惠企助企活企政策，以最大力度推进减负降本，以最大惠企政策对冲新冠肺炎疫情带来的不利影响。

在国家和浙江省政府政策的指导下，台州市政府也出台了众多相关政策助力企业复工复产。2 月 13 日，为帮助企业有序、稳定复工复产，台州市市场监督管理局出台了优化市场监管领域部分许可服务、开展派驻指导服务、强化计量技术帮扶等 12 条举措有效应对新冠肺炎疫情，支持企业复工复产。3 月 26 日，台州市人民防空办公室发布《关于做好疫情防控全力支持企业发展的通知》，提出主动帮扶企业、推行容缺受理机制、实施承诺制办理等 10 项举措全力支持企业发展。在国家、省市各项强有力政策的支持下，台州市小微企业有序推进复工复产。

为及时监测台州市小微企业在新冠肺炎疫情下及后新冠肺炎疫情时代的

经济活动恢复情况,度量新冠肺炎疫情给台州市小微企业带来的具体影响,本章节基于多项指标进行台州市小微企业综合恢复指数的构建,判断复工复产政策助力台州市小微企业经济运行的有效性,同时可为地方政府的小微企业扶持政策提供参考,进一步助力地方经济发展。

在现有测算恢复指数的方法中,学者和机构主要通过单一指标刻画复工复产情况,如国网浙江省电力有限公司采用电力数据计算企业复工电力指数,通过企业用电曲线判断企业是否复工;张蔚文等基于百度迁徙大数据刻画春节期间城市间的人口流动情况和城市内部的复工复产情况①。 以上方法在一定程度上可以体现出企业复工复产在特定方面的情况,但单一指标反映的内容具有较强的局限性,无法体现企业复工复产的整体情况和具体情况。 为了解台州市小微企业整体经济恢复情况及其面对的问题,报告采用金融机构、税务等多个数据源的数据构建台州市小微企业的经济恢复指数。 相比于单一指标,结合多个数据源的综合指标可以从多个角度更为精细化地分析台州市小微企业在面对新冠肺炎疫情时以及后新冠肺炎疫情时代的经济活动情况,同时更为全面地刻画台州市小微企业的整体恢复情况。

3.2.1　指标体系设计原则

构建台州市小微企业综合恢复指数,从而进行科学有效评价的前提是设计一个完整、有效的综合评价指标体系。 为科学、有效地体现台州市小微企业恢复状况,本章节参考《综合评价指标体系的设计原则与构建流程》②一文,结合研究问题的实际情况,遵循以下原则构建台州市小微企业综合恢复指数指标体系,多层次、全方位地对台州市小微企业的恢复状况进行评价。

科学性原则。 衡量企业经营状况的指标体系往往结合企业经营的风险

---

① 张蔚文、卓何佳、董照樱子:《新冠肺炎疫情背景下的用工荒:基于人口流动与复工复产政策的考察》,《中国人口·资源与环境》2020 年第 6 期,第 29—39 页。

② 彭张林、张爱萍、王素凤等:《综合评价指标体系的设计原则与构建流程》,《科研管理》2017 第 1 期,第 209—215 页。

性、管理效率、盈利能力和经营扩展等方面进行多维度综合评价①。 而新冠肺炎疫情期间企业经营遭遇不同程度和不同类型的困难,采用多维度综合指数受到其他因素干扰较大且不易量化比较,无法统一、客观地体现台州市小微企业的整体经营状况。 因此,报告从企业的核心问题、盈利能力出发,通过收入、支出以及现金流 3 个方面进行企业经济效益的评价,从经济效益角度构建恢复指数。

完备性原则。 本章节旨在从企业经济效益角度研究台州市小微企业在受到新冠肺炎疫情冲击后的恢复状况,选取的评价指标能真实地体现和反映综合评价的目的。 具体而言,选取的指标涵盖了衡量企业收支情况与风险的基本内容,具有一定的类别性与层次性。

可行性原则。 指标体系中的数据来自台州市金融服务信用信息共享平台,涵盖台州市小微企业的税务、不良贷款等信息,数据真实可靠,且易于量化比较。

独立性原则。 该原则要求每个指标内涵清晰、尽可能地相互独立。 同一层次的指标间应尽可能地不相互重叠、不互为因果、不相互矛盾,保持较好的独立性。

时效性原则。 在构建指标体系时,考虑到编制指数的目的是衡量台州市小微企业在新冠肺炎疫情下与后新冠肺炎疫情时代的恢复情况,指数的构建具有很强的时间限制,即新冠肺炎疫情发生前后。 因此,需要对新冠肺炎疫情发生前后的数据加以对比,从而判断小微企业的恢复情况。

为了全面、科学、客观、准确地反映台州市小微企业恢复情况,本章节分别在收入、支出、现金流 3 个二级指标下,选择了包括企业月度销售收入信息、人民币跨境收支信息、不良贷款信息、税务信息等数据在内的共计 6 个三级指标,较为全面地体现了台州市小微企业经营的经济状况。 分层构建小微企业恢复指数体系,框架如表 3-1 所示:

---

① 丁立宏:《略论商业企业经营状况的总评价》,《经济与管理研究》1998 年第 4 期,第 49—51 页。

表 3-1　台州市小微企业恢复指数的指标结构

一级指标	二级指标	三级指标
恢复指数	收入	χ_1:销售收入
		χ_2:收款总金额
	支出	χ_3:付款总金额
		χ_4:已缴税额
	现金流	χ_5:逾期余额
		χ_6:欠税余额

3.2.2　指标解释

（1）收入

广义收入概念包括企业日常活动及其之外的活动形成的经济利益流入，是企业盈利能力的一个重要体现。报告构建的收入指标包含销售收入、人民币跨境收入的收款总金额 2 个三级指标。

①销售收入

销售收入是指企业通过产品销售或提供劳务所获得的货币收入，以及形成的应收销货款。这一指标能够反映企业生产经营活动状况，直接体现了企业经营的整体状况。

②人民币跨境收入的收款总金额

受新冠肺炎疫情和逆全球化潮流的影响，2020 年以来，国际贸易遭受重创，而台州跨境电商却实现逆势增长，2020 年跨境出口额位居全省第一。此外，中国对外贸易规模已相当大，对外贸易收支对我国经济的影响也逐步增加。因此，将人民币跨境收入的收款总金额纳入"收入"这一二级指标中具有较大意义。

二级指标"收入"包含的 2 个三级指标与企业经营情况均呈正向关系。

（2）支出

支出指企业在生产经营过程中为获得另一项资产、为清偿债务所发生的资产的流出，是体现企业生产经营情况的重要方面。报告构建的支出指标包含人民币跨境支出的付款总金额以及已缴税额 2 个三级指标。

①人民币跨境支出的付款总金额

随着人民币支付货币功能不断增强，人民币跨境收入与支出带来的的影响逐渐加大。 和人民币跨境收入一样，人民币跨境支出是对外贸易的重要内容，在全球化的今天对我国经济具有较大影响。

②已缴税额

已缴税额是指已经交纳的税额。 企业纳税项目中的已缴税额是企业支出的重要方面，是描述企业经营情况的重要指标，体现了企业在过去一个时间段内的经营、盈利情况。

二级指标"支出"包含的 2 个三级指标与企业经营情况均呈正向关系。

（3）现金流

现金流量是衡量企业经营状况是否良好、是否有足够的现金偿还债务、资产的变现能力等方面的非常重要的指标，决定了企业资信。 新冠肺炎疫情影响下，企业的盈利能力和抵御风险的能力都受到了极大挑战，因此资金储备及现金流就显得格外重要。 报告构建的现金流指标中包含不良贷款中的逾期余额和税务中的欠税余额 2 个三级指标。

①逾期余额

不良贷款中的逾期贷款是指借款合同约定到期未能归还的贷款。 企业偿债能力太低是产生逾期贷款的一个重要客观原因，且偿债能力和企业经营效益直接挂钩。 当企业资金流动性较差时，会出现未能及时还贷的情况。

②欠税余额

欠税是指纳税人、扣缴义务人超过征收法律法规规定或税务机关依照税收法律、法规规定的纳税期限，未缴或少缴税款的行为。 从客观实际上看，资金短缺是造成企业欠税的直接原因。 当企业经济效益不佳或资金短缺时，对于税务的缴清能力较差。

因此，这 2 个指标可以在一定程度上体现企业的资金流动性。 并且指标的数值越大，说明企业经营情况越差，即二级指标"现金流"下的 2 个三级指标与企业经营情况呈负向关系。

3.3 指数的编制

3.3.1 数据来源

本章所用数据来自台州市金融服务信用信息共享平台。选取 2019 年 1 月—2020 年 12 月的台州市小微企业为样本，数据涵盖了企业月度销售收入信息、人民币跨境收支信息、不良贷款信息、税务信息等 6 个指标，较为全面地体现了台州市小微企业经营活动状况。

3.3.2 数据处理

（1）缺失值处理

由于数据导出的问题，部分指标存在一定程度的缺失情况。销售收入、已缴税额两项指标缺少 2020 年 9 月数据，逾期余额、付款总金额、收款总金额均缺失 2020 年 10 月数据。报告采用均值填充法，利用缺失数据月份前后月份数值的均值进行缺失值填充。

（2）指标预处理

在综合评价中，涉及到的指标数较多，且各指标的含义及其数值的差异也较大，对评价目标的正负向影响也不尽相同。为使综合评价的结果客观、合理、可比，就必须对原始数据进行"指标类型一致化""指标无量纲化"的预处理[①]。

逾期余额和欠税余额 2 个指标与企业经营情况呈负向关系，因此需要对这两项指标进行正向化处理。常用的无量纲化方法有中心化处理、极差化处理、极大化处理、极小化处理、均值化处理等。报告采用极差变换法进行指标数据处理，同时实现指标正向化与无量纲化。

---

① 郭亚军:《综合评价结果的敏感性问题及其实证分析》,《管理科学学报》1998 年第 3 期,第 30—37 页。

正向指标：

$$r_{ij}=\frac{x_{ij}-\min\left(x_j\right)}{\max\left(x_j\right)-\min\left(x_j\right)},\quad i=1,2,\cdots,m,j=1,2,\cdots,2n \quad (3\text{-}1)$$

逆向指标：

$$r_{ij}=\frac{\max\left(x_j\right)-x_{ij}}{\max\left(x_j\right)-\min\left(x_j\right)},\quad i=1,2,\cdots,m,j=1,2,\cdots,2n \quad (3\text{-}2)$$

式中，x_{ij} 为未经处理的数据，r_{ij} 为无量纲化处理后的数据，m 为样本数，n 为指标个数。

3.3.3 指数的编制

（1）恢复指数定义

为了研究台州市小微企业在新冠肺炎疫情冲击下的恢复情况，报告从企业经济效益这一角度进行台州市小微企业恢复指数的构建。为减少节日效应、周末效应以及月底效应带来的干扰，报告选取台州市小微企业月度数据进行指数的编制。简而言之，将台州市小微企业经济恢复指数定义为小微企业月度经营指数相对于上一年同期月度经营指数的比例，即同比值。

$$R=\frac{JYZS_{2020,t}}{JYZS_{2019,t}},\quad t=1,\cdots,12 \quad (3\text{-}3)$$

式中，$JYZS_{2020,t}$，$JYZS_{2019,t}$ 分别表示 2020 年和 2019 年 t 月份的经营指数。

（2）恢复指数的计算

常见的指数编制方法有专家评判法、层次分析法、变异系数法、熵值法、主成分分析法等主观和客观方法。主观赋权法能较好地体现评价者的偏好，在指标结构复杂且缺乏必要数据时非常实用，但由于每个人的主观价值判断存在差异，主观评价法常常存在不够稳定的问题。客观赋权法受主观因素影响小，但受样本随机性影响大，不同的样本会赋予相同的变量不同权值。

为克服单一赋权法的缺点，台州市小微企业恢复指数的编制采用主客观结合法，从而构建更为可靠的指标体系。对 3 个二级指标下的 6 个三级指标进行数据预处理后，分别利用层次分析法和熵权法进行指标权值的计算，最后结合主观赋权法和客观赋权法的权值得到各指标的综合权值。

①层次分析法

层次分析法是 20 世纪 70 年代初美国运筹学家 Saaty 提出的一种决策方法。该方法指的是将与决策有关的元素分解成目标、准则、方案等层次,形成有序的递阶层次结构,并在此基础之上进行定性和定量分析,具有系统、灵活、简洁的优点①。

运用层次分析法构建台州市小微企业恢复情况评价体系,步骤如下:

步骤一 建立递阶层次结构模型

根据前文所述,构造台州市小微企业恢复情况评价体系如图 3-1 所示。

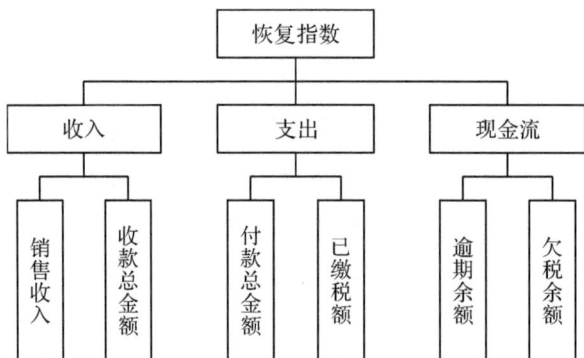

恢复指数
收入　支出　现金流
销售收入　收款总金额　付款总金额　已缴税额　逾期余额　欠税余额

图 3-1 2020 年台州市小微企业恢复指数评价体系

步骤二 构造各层次中的所有判断矩阵

判断矩阵由判断值构成,是下一层两个元素相对于上一层而言的相对权重值。两个元素可分别设为 i,j,相对权重值设为 a_{ij},元素的数量设为 n,则判断矩阵可设为 $A=(a_{ij})_{n \times n}$,其中的赋值可采用多种方法,如专家团判定法等,一般采用 1—9 标度进行赋值。例如,在收入指标下,销售收入相对于收款总金额明显重要,则给销售收入相对于收款总金额的判断值赋予 5,收款总金额相对于销售收入的判断值则为 1/5。销售收入和收款总金额相对于本身的重要性相同,因此对角线元素为 1。如表 3-2 所示。

---

① 汪应洛:《系统工程》,机械工业出版社 2003 年版,第 130—140 页。

表 3-2　1—9 标度赋值

标度	含　义
$a_{ij}=1$	指标 i 和指标 j 具有同等重要程度
$a_{ij}=3$	指标 i 比指标 j 稍微重要
$a_{ij}=5$	指标 i 比指标 j 明显重要
$a_{ij}=7$	指标 i 比指标 j 非常重要
$a_{ij}=9$	指标 i 比指标 j 极端重要
$a_{ij}=2,4,6,8$	指标 i 比指标 j 的重要度取其相邻判断的中间值,如 $a_{ij}=4$ 介于 3 和 5 之间,说明指标 i 比指标 j 的重要程度比稍微重要高,比明显重要低

　　根据上述构造方法, 对恢复指数的判断矩阵进行构造。 由二级指标收入、支出和现金流的相对重要性, 构造表 3-3 所示的判断矩阵。

表 3-3　台州市小微企业恢复指数体系判断矩阵

	收入	支出	现金流
收入	1	4	2
支出	1/4	1	1/2
现金流	1/2	2	1

　　二级指标收入、支出、现金流下的判断矩阵分别如表 3-4—表 3-6 所示:

表 3-4 收入判断矩阵

	销售收入	收款总金额
销售收入	1	5
收款总金额	1/5	1

表 3-5 支出判断矩阵

	付款总金额	已缴税额
付款总金额	1	3
已缴税额	1/3	1

表 3-6 现金流判断矩阵

	逾期余额	欠税余额
逾期余额	1	2
欠税余额	1/2	1

步骤三　一致性检验

当判断矩阵的最大特征值 $\lambda_{\max}=n$ 时说明矩阵具有完全一致性，易证二维判断矩阵都具有完全一致性，因此判断矩阵均通过一致性检验。而当矩阵 A_1,A_2,A_3 维数大于 2 时，无法做到完全一致性，此时仅需做到相对一致性即可。

首先需要计算一致性指标 CI（$Consistency\ Index$）：

$$CI=\frac{\lambda_{\max}-n}{n-1} \tag{3-4}$$

通过平均随机一致性指标表查找一致性指标 RI，计算一致性比例 CR（$Consistency\ Ratio$）：

$$CR=\frac{CI}{RI} \tag{3-5}$$

当 $CR<0.1$ 时，认为判断矩阵的一致性是可以接受的，否则应对判断矩阵作适当修正。查表得 $n=3$ 时，$RI=0.58$，经计算，判断矩阵的最大特征值约为 3，$CR<0.1$，通过一致性检验。

步骤四　权重确定

计算元素对目标的权重与各层要素对系统总目标的合成权重：

$$AW=\lambda_{\max}W \tag{3-6}$$

同上，$\lambda_{\max}$ 为判断矩阵的最大特征值，W 为判断矩阵最大特征值对应的特征向量。将 W 的分量进行归一化处理得到权值向量。

经计算得到最终评价权重表，如表 3-7 所示。

<table>
</table>

表 3-7　台州市小微企业恢复指数指标权重结构(层次分析法)　　　(%)

一级指标	二级指标	三级指标	各指标对总目标权重
恢复指数	收入(57)	χ_1:销售收入(83)	47
		χ_2:收款总金额(17)	9
	支出(14)	χ_3:付款总金额(75)	11
		χ_4:已缴税额(25)	4
	现金流(29)	χ_5:逾期余额(67)	19
		χ_6:欠税余额(33)	10

②熵权法

在信息理论中,熵是系统无序程度的量度,可以度量数据所提供的有效信息。熵权法就是根据各指标的信息量大小确定指标权数的一种方法。某项评价指标的熵值越小,说明指标值的差异越大,该指标包含的信息则越多,因此赋予其更大的权重。

运用熵权法计算台州市小微企业恢复指数指标权重,步骤如下:

步骤一　将各指标数值进行归一化处理

$$p_{ij} = \frac{r_{ij}}{\sum_{i=1}^{24} r_{ij}} \tag{3-7}$$

当时 $r_{ij}=0$, $p_{ij}=0$,对 p_{ij} 取对数无意义,因此修正指标值比重,定义为:

$$p_{ij} = \frac{r_{ij}+0.0001}{\sum_{i=1}^{24} r_{ij}\ (r_{ij}+0.0001)}, \quad i=1,2,\cdots,24, j=1,2,\cdots,6 \tag{3-8}$$

步骤二　计算评价指标的熵值

$$H_j = \frac{1}{\ln24} \sum_{i=1}^{24} a_{ij} \ln a_{ij} \tag{3-9}$$

步骤三　将熵值转换为反映差异大小的权数

$$W_j = \frac{1-H_j}{6-\sum_{j=1}^{6} H_j} \tag{3-10}$$

计算权重得到结果如表 3-8 所示:

表 3-8　台州市小微企业恢复指数指标权重(熵权法)

指标	各指标对总目标权重(%)
χ_1:销售收入	8
χ_2:收款总金额	25
χ_3:付款总金额	24
χ_4:已缴税额	22
χ_5:逾期余额	15
χ_6:欠税余额	6

③综合权重

将所得主客观权重等比例结合得到综合权重:

$$weight = 0.5 \times weight_{\rightarrow AHP} + 0.5 \times weight_{ENT} \qquad (3\text{-}11)$$

式中,$weight_{\rightarrow AHP}$ 为层次分析法得到的权重,$weight_{ENT}$ 为熵权法得到的权重。

利用表 3-9 所示的综合权重可以计算 2019 年及 2020 年台州市小微企业的经营指数与 2020 年台州市小微企业的恢复指数。

表 3-9　台州市小微企业恢复指数指标总权重　　　　　　　　(%)

三级指标	层次分析法权重	熵权法权重	各指标对总目标权重
χ_1:销售收入	47	8	28
χ_2:收款总金额	9	25	17
χ_3:付款总金额	11	24	17
χ_4:已缴税额	4	22	13
χ_5:逾期余额	19	15	17
χ_6:欠税余额	10	6	8

3.4　台州市小微企业恢复指数分析

对台州市小微企业恢复情况的分析基于以下两方面展开:首先分析 2020

年台州市小微企业经营活动整体恢复状况，包括 2019—2020 年台州市小微企业月度经营指数以及 2020 年月度综合恢复指数；其次基于销售收入单一指标月度恢复指数，分行业对 2020 年台州市小微企业经营状况进行分析。

3.4.1 2020 年台州市小微企业整体恢复状况

2020 年台州市小微企业受新冠肺炎疫情冲击较大，但整体恢复情况良好。排除新冠肺炎疫情期间的巨大波动，2019 年和 2020 年台州市小微企业经营情况整体较为稳定。

（1）台州市小微企业月度经营指数分析

2019 年台州市小微企业整体运行良好，经营指数呈平稳波动态势，相对于下半年而言上半年波动较大。2019 年春节为 2 月 5 日，由于数据入库日期相较于实际发生时间存在一定滞后性，春节效应给经营指数带来的影响体现为 3 月份的大幅下降。但节后反弹迅速，4 月份经营指数已超过节前水平。

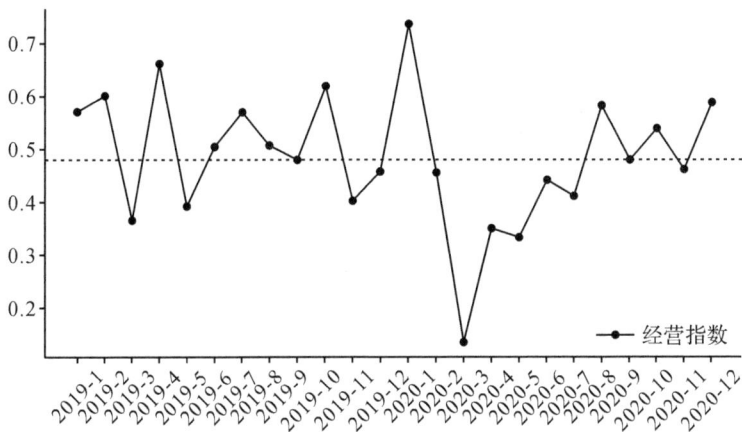

图 3-2　2019—2020 年台州市小微企业月度经营指数

受新冠肺炎疫情因素与春节假期共同影响，2020 年上半年台州市小微企业经营指数波动较大。如图 3-2 所示，台州市小微企业经营指数从 2020 年 1 月开始急速下降，在 3 月到达最小值 0.14，约为上年同期的 37%。此外，2020 年 2、4、5、6、7 月份的经营指数分别为 0.46，0.35，0.33，0.44，0.41，相比于 2019 年同期均有不同程度的下降，说明台州市小微企业整体经营活动受新冠肺炎疫情冲击较大,影响时间较长。3月份后,台州市小微企业经营指数整体呈现波动上升的态势,3月至8月之间上升较快,其中4月份上升幅度最大,较3月而言涨幅高达156%。随后经营指数小幅波动上升,并于12月达到全年仅次于1月份的最大值0.59。除去新冠肺炎疫情及2020年春节期间的大幅波动,2019—2020年台州市小微企业月度经营指数整体波动较为平稳。

(2)台州市小微企业月度恢复指数分析

和月度经营指数趋势类似,台州市小微企业恢复指数在2020年上半年波动较大,如图3-3所示。

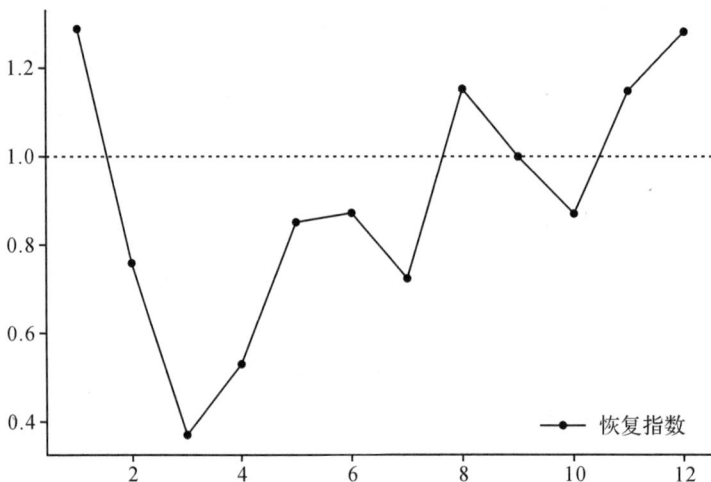

图3-3　2020年台州市小微企业月度恢复指数

2020年春节为1月25日,受新冠肺炎疫情以及春节效应双重影响,台州市小微企业月度恢复指数在2月、3月持续走低,恢复指数在3月达到最低值0.37,较2019年同期下降了近2/3。而随着新冠肺炎疫情态势的好转以及各项复工复产政策的出台与有序推进,台州市小微企业恢复指数于3月起逐渐回升,4、5月份恢复指数相比于3月份有了大幅上升,分别上升至0.53和0.85。随后恢复指数持续波动上升,并在8月份首次超过1,说明台州市小微企业整体经营情况在8月份已恢复至上年同期水平。在国内新冠肺炎疫情得到较好控制,正有序恢复生产生活时,国外新冠肺炎疫情愈演愈烈,对我国外贸出口行业造成较大影响。 因此 8 月至 10 月之间，台州市小微企业恢复指数出现小幅下降。 10 月后，恢复指数持续上升，并在 12 月达到了 2020 年全年最高值 1.28。 这说明台州市小微企业整体恢复情况较好，恢复质量较高，且具有一定的抗干扰能力。

整体而言，2019—2020 年台州市小微企业月度经营指数均值为 0.49，其中 2019 年全年的月度平均经营指数为 0.51，2020 年全年的月度平均经营指数为 0.46，约为 2019 年的 90%。 而在受新冠肺炎疫情影响较大的 2020 年上半年，月度平均经营指数为 0.41，约为 2019 年上半年的 79%。 在国内新冠肺炎疫情形势严峻，各地防控措施严格的情况下，2020 年恢复指数在 3 月达到全年最小值 0.37，随后波动上升，在 12 月达到全年最大值 1.28，台州市小微企业整体恢复情况较好。

3.4.2　2020 年台州市小微企业分行业销售收入恢复状况

由于各行业业务及经营侧重面相差较大，利用多指标综合评价不同行业恢复情况会产生较大误差，而销售收入作为企业经营整体状况的一个重要方面，对衡量各类企业的经营情况具有普适性。

由台州市小微企业的整体恢复水平可知，3 月份恢复水平最低，随后持续走高，并在 8 月份恢复指数首次超过 1。 因此，为比较各行业遭受新冠肺炎疫情冲击后的恢复情况，本章节计算各行业 2020 年 3 月及 8 月的销售收入恢复指数，即 2020 年与 2019 年各行业月度销售收入同比值，并绘制 2020 年台州市小微企业分行业月度销售收入恢复指数直方图，如图 3-4 所示，对各行业恢复情况进行分析。 由于缺失公共管理、社会保障和社会组织行业销售收入数据，报告设置该行业各月份销售收入恢复指数为 1 进行缺失值填充，即不分析该行业恢复情况。

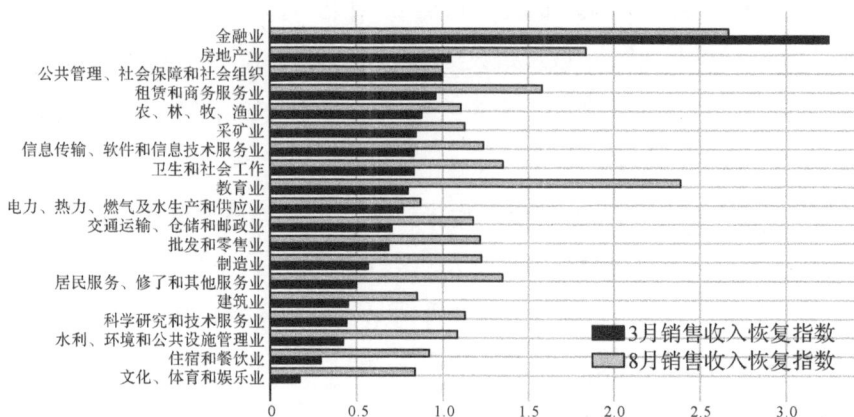

图3-4　2020年台州市小微企业分行业月度销售收入恢复指数(3月、8月)

　　不同于实体经济,金融业在新冠肺炎疫情冲击下并未受到负面影响,无论在台州市小微企业整体受挫较大的3月还是恢复良好的8月,其销售收入都远高于上年同期水平,其中,3月份销售收入恢复指数约为3.25,8月份超过2.66。除金融业及房地产业外,其他行业在3月份均受到了不同程度的影响,约60%的行业销售收入恢复指数低于0.8。 其中受影响最大的是文化、体育和娱乐业以及住宿和餐饮业。 春节伊始,为防控新冠肺炎疫情的迅速蔓延,浙江省启动了新冠肺炎疫情防控一级响应,实行最大限度减少公众聚集活动的管制措施以避免不必要的人员流动,导致娱乐、住宿、餐饮这些依靠人流量的产业受到重创。 其中,住宿和餐饮业在3月的销售收入恢复指数为0.28,文化、体育和娱乐业在3月的销售收入恢复指数仅为0.16%。 直到台州市小微企业整体情况转好的8月,这两个行业的销售收入仍然未恢复到上年同期水平,可见其受到的冲击持续且强烈。

　　在整体环境转好的8月,19个行业分类中仅有4个行业未恢复到上年同期水平,分别为文化、体育和娱乐业,住宿和餐饮业,建筑业,以及电力、热力、燃气及水生产和供应业。 其中恢复指数最低的是文化、体育和娱乐业,仅达到0.84。

　　除恢复指数具有较大上升空间的文化、体育和娱乐业,住宿和餐饮业两个行业外,3—8月,恢复指数涨幅最大的是教育业,由3月的0.8上升至8月的

2.39，涨幅接近 200%。新冠肺炎疫情初期，由于线下教育机构关停，教育业受到较大冲击。但随着"停课不停学"号召以及线上教育平台的涌现，教育业呈现出较快的恢复趋势，新冠肺炎疫情期间成为了线上教育平台的一个快速发展期。随着 5、6 月份新冠肺炎疫情形势明显好转，学生逐步返校，线下教育机构重新开放，教育业进一步恢复。

对各行业销售收入单一指标进行分析可以发现，8 月份大部分行业的销售收入恢复水平较 3 月份得到了较大提升，且月度销售收入超过上年同期水平。这从侧面体现出台州市小微企业整体恢复情况良好，恢复速度快，恢复质量高。

4 小微金融指数（台州样本）

4.1 本章摘要

小微金融指数（台州样本）是全国首个小微金融指数，由总指数以及成长指数、服务指数、信用指数 3 个二级指数构成，从多方面反映台州市小微金融运行情况。本章主要介绍了小微金融指数（台州样本）2020 年的运行情况，并对新冠肺炎疫情前后进行了对比分析，得出如下重要结论：

第一，受新冠肺炎疫情影响，2020 年台州市小微金融总指数以及 3 个二级指数均呈现先下降后上升的态势，即先出现了自 2017 年以来最为严重的连续下滑情况，后随着经济的恢复开始回升，小微金融逐步保持稳定的恢复态势。总指数与成长指数的运行情况基本相同，转折点出现在 3 月，而服务指数与信用指数的转折点出现在 7 月。12 月末，台州市小微金融总指数和成长指数基本恢复至去年同期水平，但还存在一小段差距，而服务指数和信用指数超过了去年同期水平。

第二，在成长指数方面，2020 年新冠肺炎疫情对台州新设小微企业数量的影响并不严重，但小微企业的注销数量显著增加，并在 2020 年下半年迎来爆发期。最近 4 年，小微企业自身经营状况抑制了金融服务需求与金融服务空间，使得服务指数呈现低位振荡态势，但在 2020 年 7 月之后开始回升。

第三，在服务指数方面，2020 年台州市银行业控制利率效果良好，全辖区各类银行的利率整体下滑，与民间借贷利率的差距进一步加大，小微企业融资压力得到减轻，但企业授信的资金利用率极低的问题还亟待解决。

第四，在信用指数方面，2020 年台州市小微企业不良贷款率呈现下降态势，虽然小微企业的逾期余额和欠税余额在年中出现了几次峰值，但在年底都基本恢复至去年的同期水平，金融风险总体可控。

4.2 2020 年小微金融指数运行情况

小微金融指数（台州样本）是由台州市人民政府发起、经浙江（台州）小微金融研究院编制的全国首个小微金融指数，于 2016 年 7 月由台州市人民政府、中国经济信息社和中国金融信息中心联合共同对外发布。台州市政府聘请北京大学、复旦大学、南京大学、浙江大学等著名院校的 10 名专家学者为特约研究员，设立了全国首家专门从事小微金融研究的学术机构浙江（台州）小微金融研究院，开展小微金融运行规律、发展趋势等方向的理论研究与实践总结。小微金融指数（台州样本）基于大数据理念，采用台州市 34 万家小微企业全样本数据，揭示小微企业发展运行情况、小微企业金融服务水平和信用状况，并动态监测行业发展趋势，为政府服务企业决策、金融机构精准服务小微企业、监测防范小微企业运行风险提供指导和参考。指数基期为 2014 年 6 月末，基数为 100，指数按月计算、每季发布。台州市促进政企良性互动，充分发挥小微金融指数风向标作用。

小微金融指数选择 2014 年 6 月末为指数基期，基数为 100，从 60 多万家市场主体中筛选出的 34 万家小微企业有效样本。采用大数据理念、全样本分析，按照上述构建框架，研究编制小微金融指数（台州样本），指数包括总指数和成长指数、服务指数和信用指数，如图 4-1 所示。

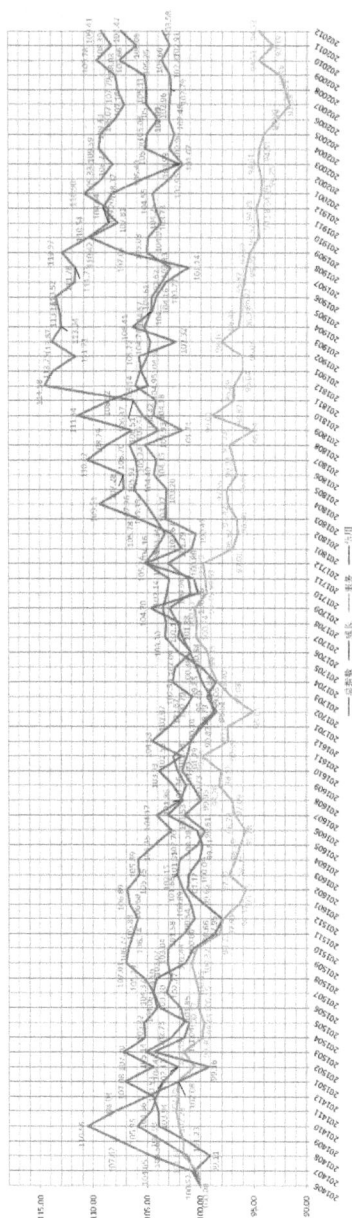

图 4-1　2014 年 6 月—2020 年 12 月小微金融指数(台州样本)走势图

下面以 2020 年度运行情况为例，分析小微金融指数（台州样本）的主要

特征。

4.2.1　总指数运行

如图 4-2 所示,2020 年小微金融总指数呈现先下降后上升的趋势,1—3 月为下降期,4—12 月为上升期。 2020 年 1—3 月,受新冠肺炎疫情影响,总指数持续下降。 2020 年 3 月末,总指数为 101.67,较 2019 年 12 月末下降 2.47%。2020 年 3 月之后,总指数开始逐渐回升。 2020 年 12 月末,总指数为 103.58,较 2020 年 3 月末上升 1.88%。 相比 2019 年,2020 年的小微金融总指数均没有超过上年同期水平。 2020 年 4 月总指数增长率最高,环比增长 1.27%。

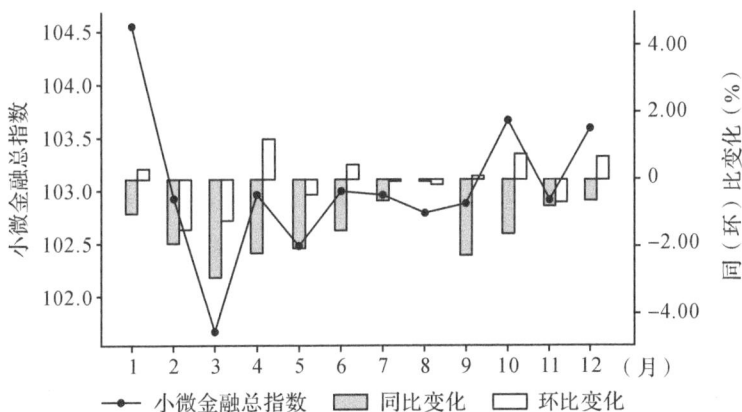

图 4-2　2020 年小微金融总指数运行情况

4.2.2　成长指数运行

成长指数主要反映小微企业成长、盈利水平和发展潜力。 如图 4-3 所示,2020 年成长指数运行情况基本与总指数相同,也呈现先下降后上升的态势。 2020 年 1—3 月,成长指数持续下降,3 月之后开始逐渐回升。 2020 年 3 月末成长指数为 101.99,较 2019 年 12 月末下降 6.60%。 2020 年 12 月末成长指数为 107.47,较 3 月末上升 5.37%,但较 2019 年 12 月末下降 1.58%。 相比 2019 年,2020 年的小微金融成长指数只有 1、5、7 和 8 月超过上年同期水平。 2020 年 4 月成长指数的增长率最高,环比增长 3.15%。

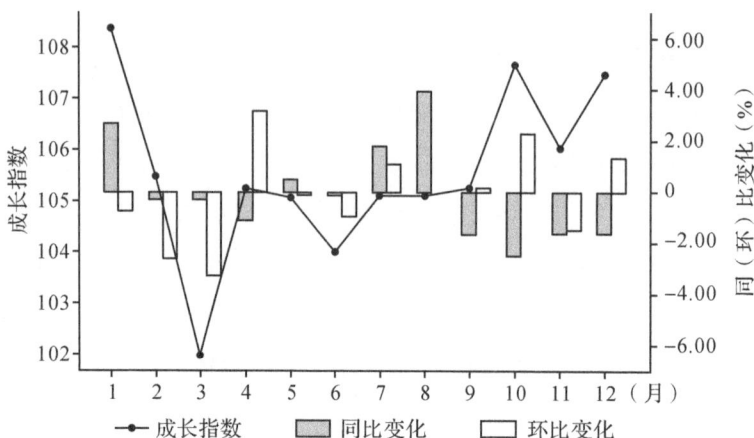

图 4-3　2020 年小微金融成长指数运行情况

　　2020 年台州市小微企业销售收入的走势基本与成长指数一致，由图 2-14 可知，台州市小微企业的月度销售收入具有季度特征。 2017—2020 年，台州市小微企业月度销售收入在第一季度均呈现下滑趋势，但受新冠肺炎疫情影响，2020 年的下滑趋势最为严重。 如图 4-4 所示，相较于 2020 年 1 月，2020 年 3 月的小微企业销售收入下降了 1429 亿元，下降比例为 81.12%。

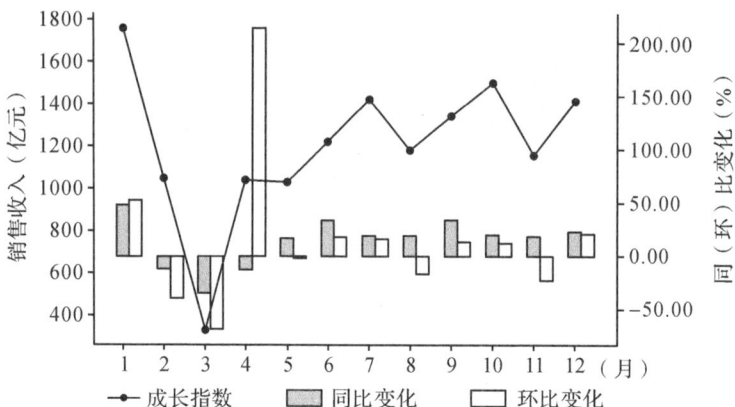

图 4-4　2020 年台州市小微企业销售收入

　　如图 4-5 所示，2020 年台州市小微企业新增数量呈现先上升后下降的趋势，全年新增数量为 152531 家，平均每月新增 12711 家，在 5 月达到峰值 27120 家。 2020 年，4—12 月的新增企业数量超过了上年同期水平，5 月和 6

月同比增长最多，分别为383.58％和246.14％。 2020年2月，新增小微企业
数量为947家，而2019年2月新增小微企业数量为4070家，同比增长率为全
年最低，比上年同期下降了76％，可见新冠肺炎疫情的暴发给小微企业的新
增带来了阻力。

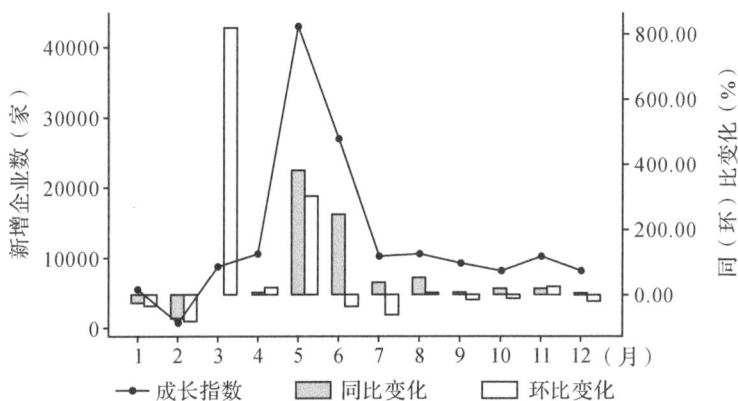

图4-5　2020年台州市新增小微企业数量

如图4-6所示，2020年台州市小微企业注销数量呈现先上升后下降再上
升的趋势，全年注销数量为14106家，平均每月注销1176家，注销数量在4
月达到峰值1816家。 2020年，小微企业注销数量同比增长率最高的月份为
为12月和6月，分别为35.04％和21.18％。 2月同比增长率最低，为
－83.89％。2020年4—10月，小微企业注销数量呈现明显的下滑趋势，小微
企业关闭潮逐渐过去，在11月和12月开始反弹。

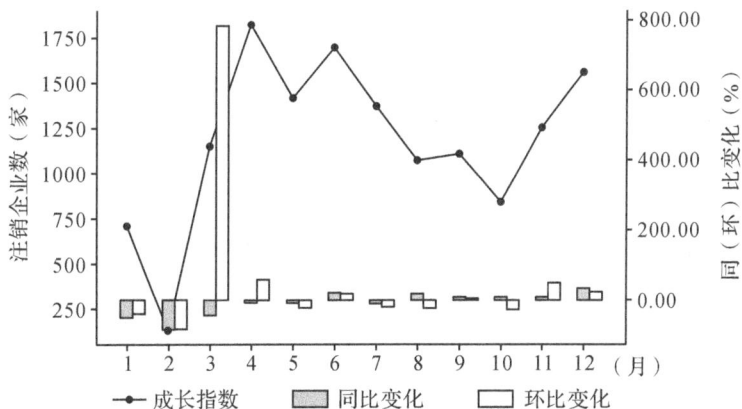

图4-6　2020年台州市注销小微企业数量

4.2.3 服务指数运行

服务指数主要反映小微企业金融需求和金融机构服务水平。 如图 4-7 所示，2020 年服务指数虽然也是呈现先下降后上升的态势，但与总指数和成长指数的运行状态不太相同。 服务指数在 2020 年 1—3 月缓慢上升后，从 3 月开始下降，并且在 7 月降至最低。 但在 7 月之后，服务指数迅速回升，11 月短暂下降后在 12 月又恢复至正常水平。 2020 年 7 月末，小微金融服务指数为 91.58，较 2019 年 12 月末下降 3.39%。 2020 年 12 月末，小微金融服务指数为 94.52，较 2020 年 7 月末上升 3.21%，但较 2019 年 12 月末下降0.28%。相比 2019 年，2020 年的小微金融服务指数均没有超过上年同期水平。 2020年 10 月，服务指数增长最快，环比增长 2.23%。

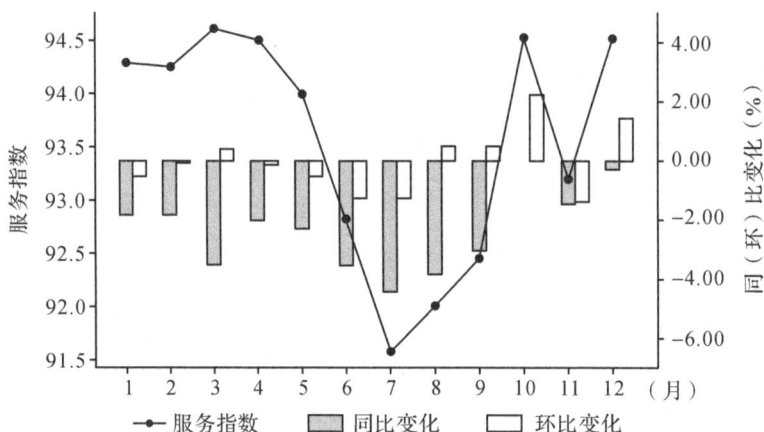

图 4-7 2020 年小微金融服务指数运行情况

授信额度与已用授信额度是服务指数的重要指标，体现了台州市金融机构对小微企业授信的服务水平。 如图 4-8 所示，2020 年台州市小微企业授信额度与已用授信额度走势基本一致，但在 3 月和 10 月，授信额度远大于已用授信额度，企业授信的资金利用率极低，金融机构的供给超过了企业的实际需求。

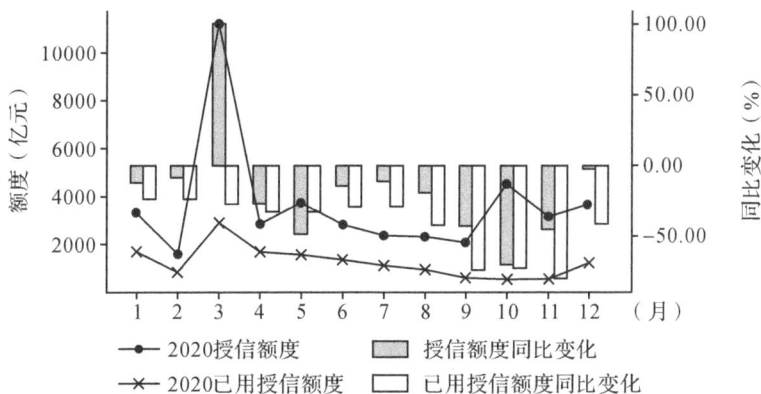

图 4-8　2020 年台州市小微企业已授信额度与授信额度情况

如图 4-9 所示，2020 年台州市全辖区各类银行的利率整体呈现下滑趋势。2020 年 2 月 8 日，浙江省银行业协会发布《减息助企共克时艰——致全省银行业金融机构的倡议书》，倡议全省银行业金融机构减让贷款利息，与实体企业共渡难关，台州市积极响应。2020 年 12 月，台州市银行业全辖合计平均利率为 6.08%，较 2020 年 12 月的 6.65% 下降了 0.57 个百分点。银行业加权平均利率与民间借贷利率的差值可以反映企业从银行方面融资的难易程度。2019 年 12 月台州市银行业全辖合计平均利率与民间借贷利率相差 8.00 个百分点，而 2020 年 12 月这二者的差值为 9.46 个百分点，可见企业从银行融资的难度在下降。

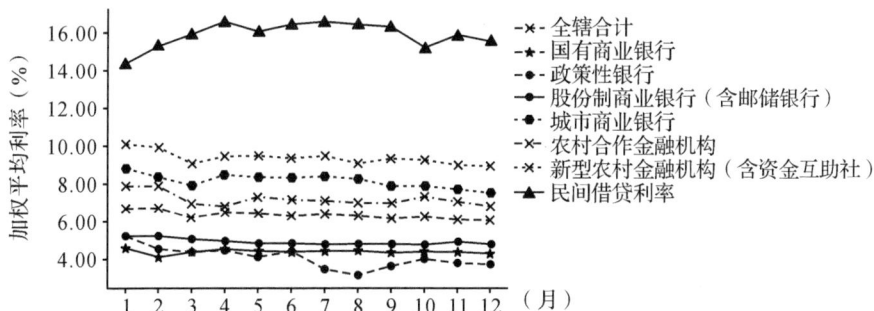

图 4-9　2020 年台州市银行业与民间借贷利率情况

4.2.4 信用指数运行

信用指数主要反映小微企业信用状况、企业税收和社保缴纳。 如图 4-10 所示,2020 年信用指数也是呈现先下降后上升的态势,其运行情况与服务指数相似,都在 7 月末来到最低点,并且在 7 月之后回升。 2020 年 7 月末,信用指数为 107.16,较 2019 年 12 月末下降 1.43%。 2020 年 12 月末,信用指数为 109.41,较 2020 年 7 月末上升 2.10%,较 2019 年 12 月末上升 0.64%。相比于 2019 年,2020 年只有 12 月的信用指数超过了上年同期水平。 2020 年 1 月,信用指数增长最快,环比增长 2.01%

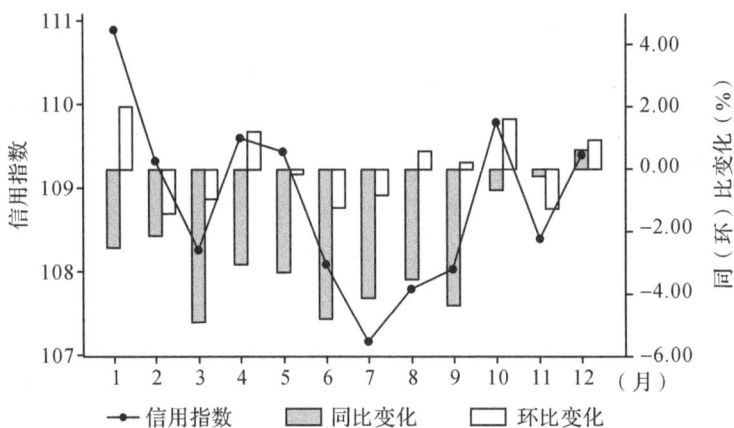

图 4-10 2020 年小微信用指数运行情况

如图 4-11 所示,2020 年台州市小微企业不良贷款与不良贷款率均呈现先上升后下降的态势。 2020 年 1—4 月,不良贷款与不良贷款率上升,可能是由于新冠肺炎疫情的冲击,许多小微企业不能及时偿还贷款。 4 月,不良贷款与不良贷款率达到全年最高值,分别为 14.17 亿元和 0.78%。 但在 4 月之后,不良贷款与不良贷款率显著下降,12 月不良贷款与不良贷款率达到全年最低值,分别为 8.46 亿元和 0.43%。

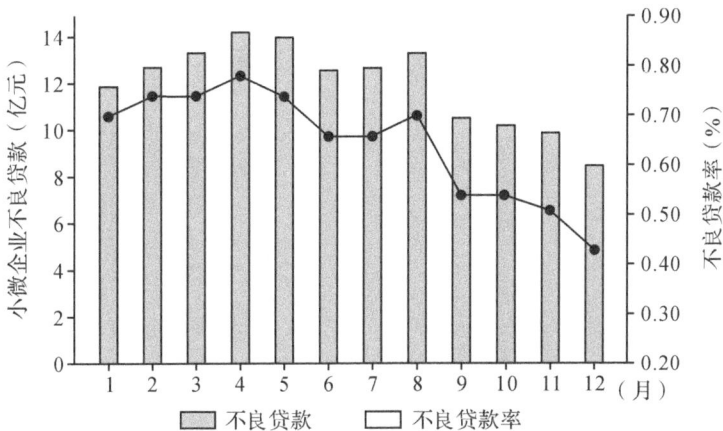

图 4-11　2020 年台州市小微企业不良贷款情况

　　2020 年，台州市小微企业逾期余额呈现先上升后下降的趋势，在 6 月达到最大值 38.89 亿元，但在 12 月底基本回到了年初的水平。 2020 年 12 月，台州市小微企业逾期余额为 27.93 亿元，较 2020 年 1 月上升 0.56％，较 2020 年 6 月下降 28.2％。 虽然受新冠肺炎疫情影响，小微企业短期内会出现大量的逾期余额，但逾期的情况在 2020 年下半年得到缓解，许多企业的经营已经逐步回到正轨。 如图 4-12 所示：

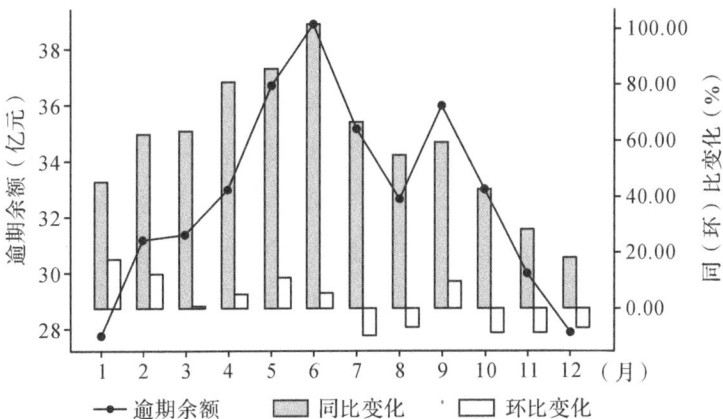

图 4-12　2020 年台州市小微企业逾期余额情况

　　2020 年，台州市小微企业的欠税余额在 1 月、4 月和 7 月出现高峰，分别为 7.75 亿元、15.11 亿元和 6.83 亿元，而其余月份均保持在一个较低的水平。 2020 年 8 月之后，欠税余额缓慢下降；2020 年 12 月，小微企业欠税余额较 2019 年 12 月下降了 86.93％。 如图 4-13 所示：

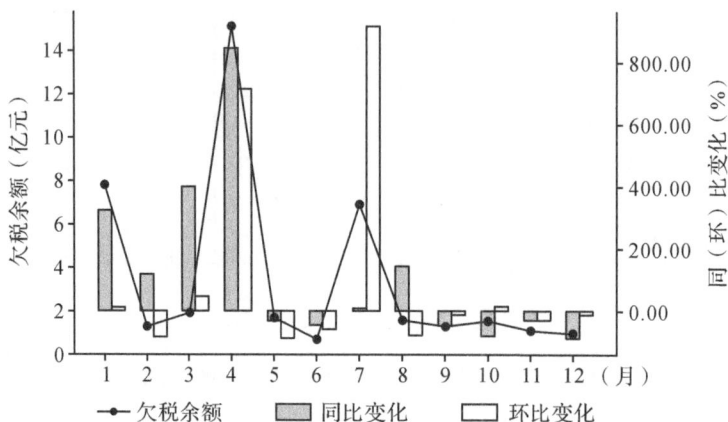

图 4-13 2020 年台州市小微企业欠税余额情况

4.3 新冠肺炎疫情前后小微金融指数对比

4.3.1 总指数对比

2017—2020 小微金融总指数运行情况如图 4-14 所示。 2020 年 1—3 月，台州市小微金融总指数连续下滑，2020 年 3 月较 2020 年 1 月下降了 2.88，下降比例为 2.75％。 从 2017 年 1 月—2019 年 12 月，小微金融总指数连续两个月下滑的情况只出现了 6 次，其中下滑最严重的为 2017 年 12—2018 年 2 月，下降量为 2.68，下降比例为 2.60％。 因此，2020 年 1—3 月的这一次连续下滑是 2017 年以来最严重的一次。

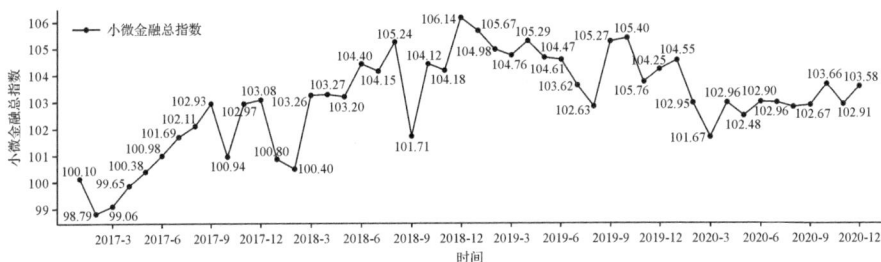

图 4-14 2017—2020 小微金融总指数运行情况

由于 4 月份开始，企业开始陆续复工，小微金融总指数开始逐渐上升，处于平稳恢复的阶段。2020 年 12 月，小微金融总指数达到了 103.58，已经超过了 2020 年 2 月的 102.95，但较 2019 年 12 月的 104.25 下降了 0.64%，几乎回到同期水平。

4.3.2 成长指数对比

2017—2020 成长指数运行情况如图 4-15 所示。与总指数相同，成长指数在 2020 年 1—3 月连续下滑，2020 年 3 月较 2020 年 1 月下降了 6.38，下降比例为 5.89%。从 2017 年 1 月末至 2019 年 12 月末，成长指数连续两个月下滑的情况总共出现了 7 次，其中下滑最严重的情况发生在 2018 年 10 月—12 月，下降量为 6.59，下降比例为 5.91%，下滑严重程度比 2020 年 1—3 月稍严重一些。从 2020 年 4 月份开始，成长指数开始反弹，2020 年 12 月的成长指数为 107.47，较 2019 年 12 月下降 1.58%，与同期水平还有一定的差距。

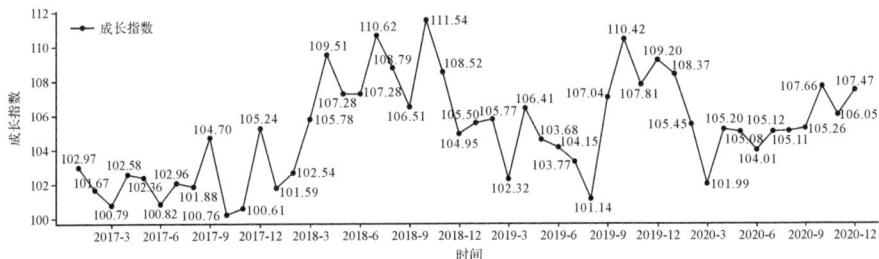

图 4-15 2017—2020 成长指数运行情况

4.3.3 服务指数对比

2017—2020 服务指数运行情况如图 4-16 所示。 实际上，服务指数从 2018 年 10 月之后一直呈现下降态势。 2020 年 3—7 月，服务指数连续 4 个月下滑，2020 年 7 月较 2020 年 3 月下降了 3.03，下降比例为 3.20%，其中 5—7 月下降最严重，2020 年 7 月较 2020 年 5 月下降了 2.42，下降比例为 2.57%。 而 2020 年之前最严重的下滑情况出现在 2019 年 3—10 月，服务指数出现了长达 7 个月的连续下滑，2019 年 10 月较 2019 年 3 月服务指数下降量为 3.58，下降比例为 3.65%。 在连续两个月下滑的情况当中，2017 年 12 月—2018 年 2 月的下降量最大，为 3.27，下降比例为 3.28%。 之后的 2 年时间内都没有出现连续 2 个月下滑得如此严重的情况。 但在 2020 年 7 月之后，服务指数出现了久违的上涨态势，2020 年 7—10 月连续上涨 3 月，2020 年 10 月的服务指数较 2020 年 7 月上涨了 2.94，上涨幅度为 3.21 个百分点，这也是 2017 年 7 月后服务指数首次出现连续 3 个月的上涨。 2020 年 12 月，服务指数为 94.52，较 2019 年 12 月末下降 0.28%，基本恢复到新冠肺炎疫情前水平。

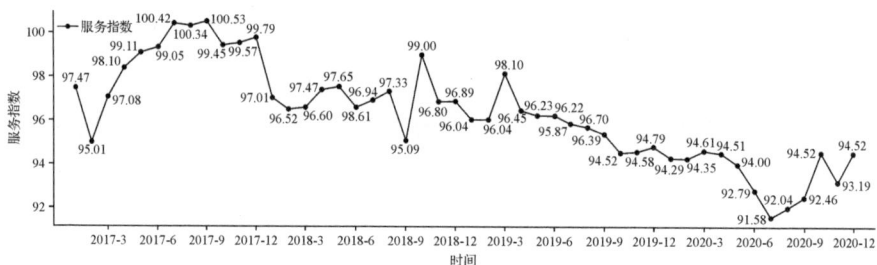

图 4-16 2017—2020 服务指数运行情况

4.3.4 信用指数对比

2017—2020 信用指数运行情况如图 4-17 所示。 从 2018 年 12 月之后，信用指数一直呈现下降态势。 2020 年 1—3 月和 4—7 月出现了 2 次连续下跌，下跌量分别为 2.63 和 2.41，下降比例分别为 2.37% 和 2.20%，而 2017—2019 年，信用指数出现过 5 次连续下跌。 最近的两次发生在 2019 年 6—8 月，下降量为 1.79，下降比例为 1.58%，以及 2019 年 9—11 月，下降量为

4.33，下降比例为 3.83%。 可见 2020 年信用指数的下降程度与之前相似。
2020 年 7 月之后，信用指数迎来了久违的连续上涨。 2020 年 7—10 月，信用
指数上涨 2.62，上涨幅度为 2.44%，出现回暖。 2020 年 12 月，信用指数为
109.41，较 2020 年 7 月末上升 2.25，较 2019 年 12 月末上升 0.7，是所有二级
指数当中唯一超过去年同期水平的。

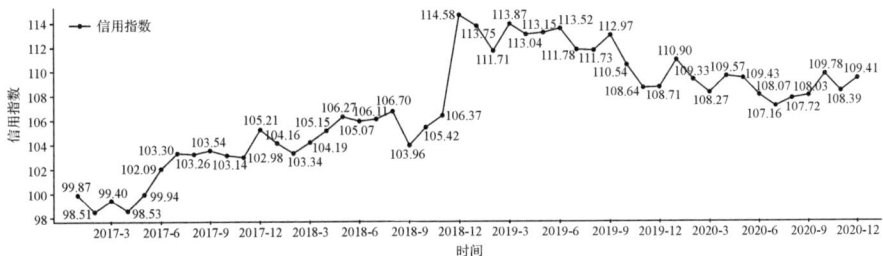

图 4-17　2017—2020 信用指数运行情况

5 金融科技与风险防控

5.1　本章概要

2015 年 12 月 2 日，国务院常务会议确定台州为"小微企业金融服务改革创新试验区"。5 年多来，台州坚持深化、探索集信用、融资、保证、风控"四位一体"的小微企业金融服务改革（以下简称"小微金改"），并通过"地方政府＋商业银行＋金融科技"三方联手合力，构建数字化、智能化、网络化的小微金融服务体系，如图 5-1 所示。目前，台州成功探索出一套"专注实体、深耕小微、精准供给、稳健运行"的小微金改"台州模式"。

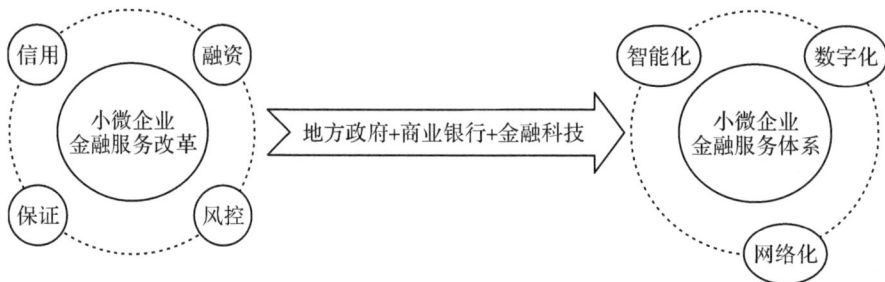

图 5-1　台州小微金改模式

在国家鼓励金融科技创新的政策支持体系下,台州结合自身小微企业发展特点,涌现出一批优秀的金融科技成果。 本章基于台州现有金融科技改革成果与风险控制措施,得出以下结论:

第一,台州市不断深化小微金改,构建金融服务信用信息共享平台、"台州融资通"网上办贷平台等多种线上平台与金融科技产品,实现金融服务数字化。 在企业方面,有效破解银企信息不对称问题,提高小微经济体系金融服务的覆盖率与服务质量;在区域金融体系方面,优化金融营商环境,着力打造创新活跃、服务高效的小微企业金融服务体系;在全国小微金融样板方面,为全国小微金改提供值得借鉴的"台州模式"。

第二,台州逐步建立完整的信用信息体系,构建地方政府融资担保体系,在微观层面大幅度地改善了小微企业的融资环境,持续推动小微企业降本减负,提升小微企业金融服务质效水平。

第三,台州充分发挥了"有效市场"和"有为政府"的作用,通过创新金融服务中心建设,深入实施"凤凰行动计划",推动企业对接多层次资本市场,形成多元化、多层次、差异化的小微金融服务格局,为小微企业培养高层次金融人才,助力小微企业高质量发展。

第四,台州不断健全金融风险防控机制,坚决防控地方金融风险。 以基层预防为着力点,将地方金融风险排查纳入基层社会治理,从源头防范金融风险,建立投资与融资全方位覆盖的金融服务与风险防控体系,为台州小微经济的发展创造良好的金融环境。

台州在不断实践过程中,凝结"台州智慧",全面促进小微经济蓬勃发展。

5.2　金融科技

金融科技是技术驱动的金融创新,主要指由大数据、区块链、云计算、人工智能等新兴前沿技术带动,可对金融市场以及金融服务业务供给产生重大影响的新兴业务模式、新技术应用、新产品服务等。 在新一轮产业革命的背景下，互联网、大数据、云计算等新兴技术被融合到金融业务中，金融科技蓬勃发展，在推动银行业金融机构改造信用评分模型、提供营销获客能力、增进贷款投放效率等方面发挥重要作用，能够显著提升金融服务的质量与效率，并给银行业提升小微金融服务提供了技术条件和创新机会。

5.2.1 国家鼓励金融科技创新，相关政策密集出台

在互联网行业背景下，国家高度重视金融科技发展工作。中国人民银行于 2017 年 5 月成立金融科技发展委员会，旨在加强金融科技工作的研究规划和统筹协调，建立健全适合中国国情的金融科技创新管理机制。同时，国务院各部门也相继出台一系列支持和推动金融科技产业发展的政策措施。

（1）试点先行专项政策出台，金融科技顶层规划逐步完善

2018 年 12 月，中国人民银行等六部门联合印发了《关于开展金融科技应用试点工作的通知》，正式在全国 10 个省市启动金融科技应用试点工作，利用云计算、人工智能、移动互联网、大数据、物联网等新一代信息技术，在安全合规的前提下，推动跨行业信息融合应用，提高金融服务质量和效率。作为深化民营、小微企业金融服务综合改革试点城市，台州市在实践中形成了一套特色鲜明、行之有效的融资担保服务体系，提供了可借鉴的台州模式。中国人民银行杭州中心支行等七部门联合出台的《浙江省金融科技应用试点工作实施方案》明确指出，台州小微金改作为浙江省区域金融改革的重要抓手，有助于深入推进全省普惠金融发展，充分发挥数字技术在提高金融服务覆盖率、可得性和满意度等方面的作用。

2019 年 9 月，中国人民银行印发《金融科技（FinTech）发展规划（2019—2021 年）》（银发〔2019〕209 号，下文简称《规划》），明确金融科技是技术驱动的金融创新，提出到 2021 年，建立健全我国金融科技发展的"四梁八柱"，要赋能金融服务提质增效，进一步增强金融业科技应用能力，实现金融与科技深度融合、协调发展，提升金融服务质量与效率，运用金融科技增强金融风险防范能力，明显增强人民群众对数字化、网络化、智能化金融产品和服务的满意度，使我国金融科技发展居于国际领先水平。这是首次从国家层面对金融科技发展做出全局性规划，标志着我国金融科技政策顶层规

划不断趋于完善。《规划》还指出，金融科技成为促进普惠金融发展的新机遇，要通过金融科技不断缩小数字鸿沟，解决普惠金融发展面临的成本较高、收益不足、效率和安全难以兼顾等问题，助力金融机构降低服务门槛和成本，将金融服务融入民生应用场景。

2020 年 10 月，中国人民银行正式发布《金融科技发展指标》，以《金融科技（FinTech）发展规划（2019—2021 年）》为指导性文件，突出科学完备，兼顾行业普适，由机构指标、行业指标和区域指标三大指标构成，旨在形成一套科学、全面、可量化的金融科技发展评价标准。

（2）赋能中小企业数字化，深化小微企业金融服务

2018 年 6 月，中国人民银行等五部门出台《关于进一步深化小微企业金融服务的意见》，指出要加大金融科技等产品服务创新，提高金融服务可得性；要支持开发性、政策性银行以转贷形式向银行业金融机构批发资金，建立单独的批发资金账户，实行台账管理，确保资金专门用于支持小微企业；要创新开展知识产权、仓单、存货等抵质押融资业务。

2020 年 3 月，工业和信息化部办公厅印发《中小企业数字化赋能专项行动方案》，落实党中央、国务院有关复工复产和提升中小企业专业化能力的决策部署，以新一代信息技术与应用为支撑，数字化网络化智能化赋能中小企业，以提升中小企业应对危机能力、夯实可持续发展基础为目标，集聚一批面向中小企业的数字化服务商，培育推广一批符合中小企业需求的数字化平台、系统解决方案、产品和服务，助推中小企业通过数字化网络化智能化赋能实现复工复产，增添发展后劲，提高发展质量。

此外，银保监会发布《关于 2021 年进一步推动小微企业金融服务高质量发展的通知》，提出了对银行保险机构服务小微企业的政策新要求。通知强调在"银税互动""银商合作""信易贷"等信用信息共享机制中应用金融科技，将公共涉企数据与机构内部金融数据有机结合，改进业务审批技术和风险管理模型，为小微企业提供准确"画像"，实现金融资源向长尾客户的精准"滴灌"；在供应链金融领域，运用金融科技整合发挥银行在数据信息、IT 系统、客户资源等方面的优势，帮助核心企业打通产业链上下游环节，培育小微企业客户集群；要优化对核心企业上下游小微企业的融资和结算服务，依托产

业链供应链的交易数据、资金流和物流信息,有序发展面向上下游小微企业的信用融资和应收账款、预付款、存货、仓单等动产质押融资业务。

5.2.2 政策体系下的"台州金融科技成果"

（1）创设金融服务信用平台,破解信息不对称难题

小微企业属于传统征信的"薄档案"群体,其融资问题的根源在于银企之间信息不对称。 为有效解决信息匹配不对称问题,台州市委市政府应用金融科技的力量服务小微企业,于 2014 年 7 月建立金融服务信用信息共享平台,有效整合各部门的信用信息,实现信息资源共建共享,让信息为企业信用"发声"。

该平台创新搭建"一平台、四系统、三关联"的架构,具备基础信息、综合服务、评价与培育、风险预警与诊断 4 个系统,实现融资关联、投资关联、企业法人与企业 3 个关联,对企业进行立体式的信用诊断,银行通过该平台的相关数据信息,更直观、更便捷地观察企业生产经营情况,较好地解决了小微企业财务数据不完善的问题,提高了小微企业信用判断、授信充分性和贷款审批发放效率。 同时,通过平台数据挖掘及其他手段综合验证、及时发现和识别小微企业的风险变化,增强了风险可控能力,提高了小微企业精准化服务水平。 平台已被台州所有银行机构列入贷前调查、贷中审批和贷后管理的必经环节,其提供的数据信息成为银行筛选优质客户的重要依据。

此外,平台不断强化网络安全,实现双网布控服务,使得信息更加安全保密。 政府部门、金融机构可以分别通过电子政务外网、金融网实时查询,实现企业信用信息的共享利用。 平台建立信息查询、数据报送、异议处理等信息安全保障制度,要求金融机构先授权后查询、政府部门签订保密协议、保留信息查询痕迹等,实现信息的规范使用,维护信息的主体权益。

2019 年 3 月 5 日,作为信用信息共享平台升级 3.0 版的"台州科技金融平台"正式上线,弥补了传统线下服务的缺陷,为台州企业提供了高效、智能、精准的投融资线上对接。 该平台提供的金融科技支持企业管理服务系统,从企业端角度,将全市科技银行的科技金融产品"一网打尽",方便企业在线查询、申请全市科技银行"科技贷"服务;从科技银行角度,整合切实详

细的企业金融信息，便于科技银行线上审批并发放科技贷款；从科技部门角度，便于对企业进行在线管理，借助"大数据"为入库企业进行金融需求细分，精准对接科技贷款、科技保险、科技担保、风险投资等不同服务。 进一步深化了"科技＋金融＋产业"的融合发展，畅通企业科技金融信息渠道，切实解决科技型中小企业融资难、融资贵的问题。

如表 5-1 所示，截至 2020 年末，台州市金融服务信用信息共享平台已采集 30 个部门 118 大类 4.09 亿条信用信息，覆盖全市 69 万家市场主体，开始查询账户 2541 个，累计查询量约 1099 万次。 银企融资对接服务平台累计发布各类信贷产品 282 个，线上对接 12101 笔，为小微企业融资 194.33 亿元。 2020 年 9 月，台州市金融服务信用信息共享平台成为全国首个接入"长三角征信链"的地方平台，并入选浙江省"2020 年度信用数字化改革应用十大优秀案例"。

表 5-1　2020 年台州市金融服务信息共享平台服务情况①

	信用信息数（亿条）	覆盖市场主体（万家）	开设查询账户（个）	累计查询次数（万次）
截至一季度末	3.52	65	2494	941
截至二季度末	3.92	67	2504	1041
截至三季度末	4.07	68	2488	1054
截至四季度末	4.09	69	2541	1099

①　数据来源于台州市人民政府金融工作办公室《台州金融动态（2020 年第一季度）》《台州金融动态（2020 年上半年）》《台州金融动态（2020 年第三季度）》和《台州金融动态（2020 年度）》。

案例一:浙里信(台州)征信有限公司＋厦门大学信用大数据与智能风控研究中心联合制定"中小微企业信用评价标准化"方法论

2020年,浙里信(台州)征信有限公司与厦门大学信用大数据与智能风控研究中心联合制定"中小微企业信用评价标准化"方法论,旨在以科学的信用概念为基础,兼顾国际标准和中国特色,在充分参照国际和发达国家现有术语和定义的基础上,结合中国实际情况和中小微企业发展特定和趋势,运用大数据融合、机器学习、迁移学习等技术,建立普适、标准、严谨的信用评价体系,帮助中小微企业(尤其是样本不足的行业)实现信用评估,以解决中小微企业"融资难、融资贵、融资慢"和银企之间信息不对称的问题,为中小微企业信用评价提供一套标准、全面、科学的方法论体系。 应用这套方法论体系可以开发任何行业中小微企业信用评价标准模型,以此统一各信用评估环节的流程与技术要求,实现中小微企业信用评价过程的规范化、标准化,降低中小微企业融资成本,全面提升中小为企业融资能力。

该标准化方法论依托台州金融服务信用信息共享平台的数据信息,根据制造业行业信用评价的实践要求和客观经验,采用三级信用评价指标体系构建中小微企业信用评分模型,其中,一级指标为制造业中小微企业信用评分,二级指标包括企业生产经营、企业营收纳税、企业授信信息、企业基本信息、企业风险行为等5个指标大类,三级指标为每个指标大类下的若干个指标。 具体标准技术流程包括9个环节,分别为原始数据准备、数据清洗、特征工程、数据分箱及编码、变量筛选、模型构建、模型评估、评分卡生成和业务上线。 在实际业务场景中,可能存在部分行业样本量严重不足、违约样本量过少,数据中违约与非违约的数量极度不平衡的情况,此时直接部署信用评价模型难以达到较高的预测能力与结果稳定性,无法满足业务上线的客观要求。 针对此类业务场景,该标准化技术采取基于大类行业迁移学习的技术路线,先开发大类行业信用评价模型,后采用

KLIEP 迁移学习技术求解小类行业信用评价模型。由此构建样本不足行业的信用评分卡，如图 5-2 所示。

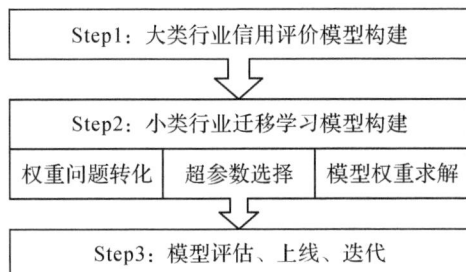

图 5-2 信用评分标准化流程

目前已完成《台州市模具制造行业中小微企业发展报告》和《特定行业中小微企业信用评价标准化白皮书》（下文简称《白皮书》）。《白皮书》基于台州市制造业、模具行业中小微企业信用评价模型，设定制造业行业中小微企业信用评价分数区间为［373，760］，即信用评价分数最低分为 373，最高分为 760，其中信用评价分数阈值为 607，超过 607 分的企业归属为高信用评价企业，低于 607 分的企业归属为低信用评价企业，成功实现了中小微企业"信用画像"的刻画。

此次信用评价标准化方法论的制定有助于推动社会信用体系建设，达到有效保障直接融资健康发展、促进资金优化配置的目的，有助于国家和社会信用评价标准体系的健康发展。

（2）构建"台州融资通"网上办贷平台，坚持线上线下联动

借助新冠肺炎疫情契机，台州推出作为国家小微金改试验区建设背景下台州市金融服务信用信息共享平台的最新深化项目——"台州融资通"。从 2014 年发展并打磨至今，该平台逐步从单纯的"服务银行"转变为"服务银行、服务企业、服务政府"的"三服务"平台，成为小微金改"台州模式"对外复制推广的主要载体。如图 5-3 所示，"台州融资通"由以下五大功能系统构成：

融资供需对接系统	· 企业可分机构、担保方式、期限、额度等方式查找符合自身需求的金融产品，或者发布融资需求由系统自动拟合供需、匹配产品。
智能逻辑优选系统	· 通过大数据分析及时掌握企业发展动态，并不定期向银行推送优质企业信息，打通金融服务"最先一公里"，增加小微企业融资支持机会。
大数据支持系统	· 通过对信用平台和大数据中心的数据资源的充分利用，可对各类数据进行关联性整合、深度挖掘，形成高效的数据治理体系。
同一身份认证系统	· 借助省法人库的CA证书对企业进行实名认证，实现依托平台的无纸化授权，实现企业授权业务"零次跑"，切实减轻企业负担。
移动终端系统	· 通过互联网和移动终端延伸信息发布和产品服务渠道，打破银企双方融资对接的时间和空间限制，提高融资服务的时效性和透明度。

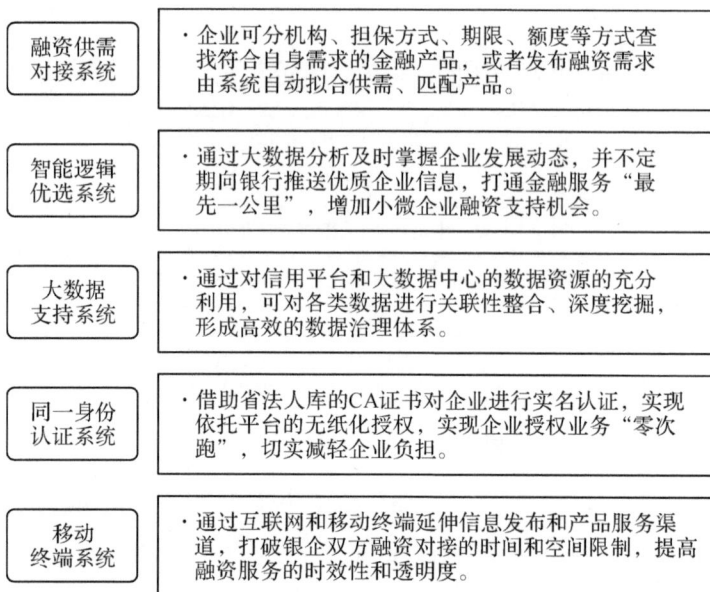

图 5-3 "台州融资通"五大功能系统

"台州融资通"平台提供 230 余种金融产品，并在新冠肺炎疫情期间特别推出复工复产支持专区，通过"线上＋线下"的融资对接方式，线上实时进行融资供需匹配对接，线下在规定时限内完成信贷审查和授信放款，进一步推动银行管理流程的优化和服务模式的转变，更加匹配小微企业融资"短、小、频、急"的特点，不断提高融资效率，对解决新冠肺炎疫情期间小微企业融资难、融资贵、融资慢等问题具有重要意义。

案例二："台州融资通"——缓解小微企业融资贵难题

"台州融资通"构建多方共同参与的"台州金融生态圈"，引入多方、多产品"比价"的竞争机制，促使金融机构主动降低利率、优化服务。 在进一步缓解小微企业"融资贵"问题的同时，提升台州市金融服务水平和风险管控能力。

台州市一家金属制品有限公司的法定代表人李先生就是"比价"模式下的受益者。 受新冠肺炎疫情影响，李先生的企业复工复产后存在较大的资金周转缺口，使得原材料采购进度停滞不前。 李先生在咨询朋友和其他银行业机构后，均未得到心仪的利率报价。 抱着试试看的态度，李先生在

"台州融资通"平台发布了资金需求信息，选择了 3 家银行进行融资对接，当天就有 2 家银行客户经理主动联系，抛出"橄榄枝"。

"货比两家"后，李先生通过"台州融资通"平台向椒江农商银行递交了贷款申请。根据"台州融资通"已采集的数据等主要信息，椒江农商银行快速通过审批流程，仅 1 天时间就成功放贷，解决了李先生用款的燃眉之急，推动了企业复工复产进度。

（3）创新小微金融产品，开展"无接触式"金融服务

依托互联网平台和现代金融科技手段，早在新冠肺炎疫情前，台州银保监分局便发出通知，要求各银行机构提高线上业务办理效率，加强网上银行、手机银行等服务渠道宣传力度，引导推荐企业通过线上操作办理相关金融业务。浙江泰隆银行在传统"三品三表"基础上，通过"三化"方式改造信贷技术，推出全国首个小微企业智能地图，实施网格化、个性化服务策略；台州银行创新推出"智慧小微"金融服务新模式，开发基于互联网技术的"移动工作站"，在线快速授信实现客户"一次也不用跑"；此外，台州银行等地方法人银行通过建立以大数据为支撑的批量授信"信贷工厂"、移动办贷（PAD 终端），以"数据驱动、线上流程、行业专家、现场交叉"改造提升"三看三不看"（即不看报表看原始、不看抵押看技能、不看公司治理看家庭治理）传统风险识别技术，形成"跑街"和"跑数"有机结合的审贷授信新机制。在不断创新小微金融产品和服务过程中，台州市小微金融绽放出蓬勃的生命力，并反哺民营经济发展。

凭借金融科技的优势，各大金融机构加快开展"无接触式"金融服务，在新冠肺炎疫情期间给客户提供便利的金融服务，解决了小微企业的燃眉之急。

案例三："科技＋金融"——"视频柜员"远程"面对面"

新冠肺炎疫情期间，台州银行发挥金融科技优势，开展"无接触式"金融服务，打造出一条以"视频柜员"为特色的线上金融服务通道，可在线帮助老百姓办理转账、挂失、咨询、贷款申请等非现金业务。客户只需点击"视频柜员"功能，就能与"视频柜员"远程"面对面"，足不出户享受便捷服务。

温州某教育机构负责人夏女士急需 20 万元的资金周转,然而由于新冠肺炎疫情附近银行都暂停营业。 在她正着急的时候,台州银行客户经理打来电话,指导她使用该行移动营业厅拨通"视频柜员",进行放款和还款。 夏女士表示:"一开始还担心学不会,拨通后发现简单快捷,可以随借随还。"

"视频柜员线上面对面,就像网络直播一样,只要动动嘴就能办理业务,操作流程简单,非常好用。"按照客户经理的操作指示,在线上迅速完成一笔 5 万元转账业务的蒋冈对该行"视频柜员"服务做出如是评价。

据统计,自 2020 年 1 月 20 日至 2 月 20 日,该行 24 小时服务的"视频柜员"共计接待 10241 人次,共办理各类业务包括转账、贷款等 3059 笔。

案例四:"科技＋金融"——开辟绿色贷款通道

同样,新冠肺炎疫情期间,路桥农商银行也大力加强线上放贷业务,对 500 万元以下企业全面推广"小微快捷贷"——企业主足不出户即可贷到款,且"一次授信、循环使用、秒借秒贷",最长期限可达 3 年。

奇勇农业机械有限公司主要生产各类喷雾器,新冠肺炎疫情发生后,该企业在第一时间以原价格将物资发往省内以及长春、西安、广州等地,为各地防疫消毒做好后盾。 而这背后正是路桥农商银行的助力。 该行得知奇勇农业机械有限公司由于发货量大,资金周转存在一定难度后,在将其授信提额至 990 万元,且春节前向其发放 270 万元贷款的基础上,指导其居家开展"小微快捷贷"自主放贷,发放 90 万元贷款,全力护航企业发送物资。 据统计,奇勇农业机械有限公司于新冠肺炎疫情期间发送喷雾器等物品近 8 万台,价值百余万元。 得益于授信绿色通道的开辟,路桥农商银行还对 10 多家喷雾器企业及个体户等追加了授信,涉及金额近 3000 万元。

案例五:"科技＋金融"——"零接触"线上签约

人在异地无法面签? 琐事缠身没法现场签? ……新冠肺炎疫情期间,不少客户被困异地,没办法现场签信贷合同导致贷款受阻。 2020 年 2 月,泰隆银行发挥金融科技优势,推出小额业务线上签约功能,以远程视频连线、线上签约方式,让客户足不出户完成信贷业务办理。 "线上签约"安全、便利、零接触,让远程签约不再"远"。

2020 年初，受新冠肺炎疫情影响，泰隆银行台州分行客户吴某某被滞留在离家 1500 多千米的海南。屋漏偏逢连夜雨，2 月恰巧是吴某某贷款到期的时间。吴某某被困在异地，没办法赶回台州老家签订合同，但若不能续贷，资金将出现两三个月的空档，吴某某就会面临巨大的经营压力。

了解到吴某某的困难后，泰隆银行客户经理第一时间为他申请了贷款延期，同时积极对接，为客户远程连线，办理线上签约。"无纸化线上签约，从线上提交申请开始，到完成合同线上签字，整个过程非常便捷，真正做到让客户'零跑腿'。"短短 1 天，吴某某便收到了这笔来自千里之外的续贷款项。

除了省时、便利，"线上签约"更高效、精准，为客户和银行都节约不少时间、精力成本。正常情况下，准备一份合同需要 5 分钟，打印需求近 5 分钟，客户签字需要 3—5 分钟。这是在保证整个签约过程不出错的前提下，如果合同要素填写错误，或者客户错签、漏签，都将会耽误更长的时间。而且，这些还没有考虑客户往返银行网点的时间。

截至目前，泰隆银行台州区域共为 19911 个贷款客户办理了"线上签约"业务，累计贷款金额达 39.73 亿元。客户无需至银行网点办理手续，真正实现了"一次都不用跑"。

（4）推出"一码通"企业综合平台，优化金融营商环境

作为数字化改革先行城市，台州依托浙江省"企业码"八项平台应用，推出台州市"一码通"企业综合服务平台，精准对接政府政策与市场主体，通过建立市县上下联动机制和助企帮扶联动机制，加速规模以上工业企业"企业码"申领。此外，台州充分发挥自媒体网络优势，全面推动主流媒体宣传、推广"企业码"。

在全省"企业码"平台应用的基础上，台州"一码通"结合本地企业实际，增加"服务打卡"以实现部门"三服务"全程留痕，"政策兑现"以实现企业 95％的办事事项"零次跑"，并根据企业不同诉求使用"红黄绿赋码"功能进行动态管理，建立台州特色化服务专区。客户只需通过手机操作，便可在网上全程办理。截至 2021 年 4 月，台州已有 20 万个市场主体领取"企业

码",实现了规模以上工业企业全覆盖。

除"企业码"外,中国人民银行杭州中心支行、浙江省市场监督管理局联合推出的"贷款码"是为小微企业和个体工商户提供融资需求发布和对接服务的平台,旨在通过数字化改革撬动金融营商环境持续优化,促进银企精准对接,更好地服务省内小微企业和民营经济高质量发展。如图 5-4 所示,企业扫"贷款码"进入融资申请界面,只需填写企业名称、经办人信息、贷款金额,并选取授权银行,即可完成融资需求发布。企业可在线选择 2 家意向银行,融资需求信息通过中国人民银行的浙江企业信用信息服务平台实时推送至意向银行。随后,"市监联连"政企信息服务平台提供企业认证与融资结果查询,浙江省企业信用信息服务平台/浙江省小微企业云平台将及时反馈融资结果。

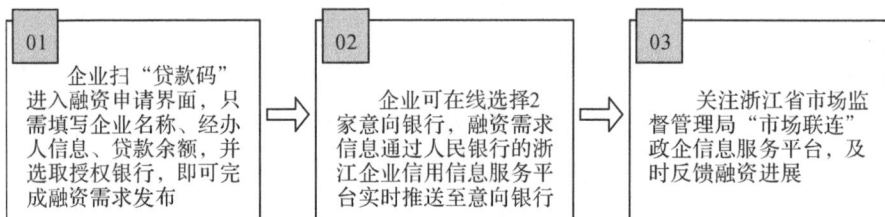

01		02		03
企业扫"贷款码"进入融资申请界面,只需填写企业名称、经办人信息、贷款余额,并选取授权银行,即可完成融资需求发布	→	企业可在线选择2家意向银行,融资需求信息通过人民银行的浙江企业信用信息服务平台实时推送至意向银行	→	关注浙江省市场监督管理局"市场联连"政企信息服务平台,及时反馈融资进展

图 5-4　台州"贷款码"融资申请流程

案例六:台州首笔"贷款码"业务

黄岩某工艺品企业主要生产木制工艺品,产品以出口欧洲为主。2021年春节后,随着订单的增加,英国、法国的客户订单量大幅增长,仅今年一季度在手订单就达到 1400 万元,较去年同期增加 500 万元。但由于应收账款回笼有所推迟,加上厂房租赁和 90 多位员工的工资支出,账上购买原材料的资金告急,原材料采购资金存在 100 万元缺口。负责人张先生看到本地一家银行客户经理在朋友圈发的"贷款码"信息后,立刻尝试扫码申请贷款。当天,银行收到企业贷款申请后,立即安排最近网点的客户经理上门提供服务。了解企业的实际情况后,客户经理第一时间向支行行长汇报,开通绿色审批通道,对于该企业的 100 万元资金需求,当日予以满足,台州首单"贷款码"业务成功落地①。

---

① 案例六内容来源于台州市人民政府金融工作办公室金融动态。

5.3　风险防控

近年来,我国担保行业稳步发展,覆盖国家、省、市三级的政策性融资担保体系不断壮大,保险业分担风险、缓释风险的能力逐步增强。 与此同时,风险补偿机制不断健全,信用体系逐步完善,有助于降低银行信贷的风险和损失,为进一步扶持小微企业持续健康发展提供了更加有力的融资支撑。 台州作为民营经济强市、小微企业大市,在扶持小微企业发展的过程中逐渐形成"技防"与"人防"相结合的风险识别和管控体系,对全面打造台州经济增长"新引擎"具有重要的战略意义和现实意义。

5.3.1　推进征信体系建设,提升小微企业信贷可得性

小微企业是国民经济和社会发展的主力军,是实现创新发展战略最为活跃和最具潜力的群体,在提供就业岗位、增加财政收入、改善社会民生、促进经济稳定、提高经济活力等方面发挥着不可替代的作用。 与大中型企业相比,小微企业体量小,资金链薄弱,融资成本高,融资渠道窄,缺乏专业化管理,抗风险能力弱,存在财务信息不规范、信息披露不充分等问题。 一方面,缺乏足够信息所致的逆向选择和道德风险问题在一定程度上影响了金融机构对小微企业的信贷配给。 另一方面,关系借贷的高成本及小微企业贷款的内在高风险又进一步弱化了银行的贷款意愿。 尤其是在传统金融领域,小微企业数据缺失且可靠性较低,加之小微企业生命周期短、流失率高导致违约率高,因而小微企业面临的信贷配给尤为严重。

社会信用体系是社会主义市场经济体制和社会治理体制的重要组成部分,也是解决小微企业信贷配给问题的重要手段。 国务院在《社会信用体系建设规划纲要(2014—2020年)》中强调,建立健全适合小微企业特点的信用记录和评价体系,为小微企业便利融资和健康发展营造良好的信用环境。

(1)首设全国小微企业信用保证基金,破解企业增信难问题

台州市首设小微企业信用保证基金(以下简称"信保基金"),以"政府

出资为主,银行捐资为辅"的方式组建,为小微企业、小微企业股东或个体工商户的融资提供破解信用担保和增信难问题的有效手段。信保基金定位为非营利性,年担保费率控制在 0.75% 且无附加要求,实行信保基金和银行风险共担,出现损失后,信保基金与捐资银行的风险承担比例为 8:2,与非捐资银行的风险承担比例为 6.5:3.5。台州信保基金结合信用保险业务自身能够帮助企业转嫁风险的优势,积极与银行建立合作沟通机制,及时为银行在产品设计、营销等过程中遇到的问题提出意见和建议,使其操作更加贴合台州融资市场的需求。

信保基金规模由首期 5 亿元扩至 10 亿元,合作银行已扩至 26 家。截至 2020 年底,已累计服务企业 24591 万家,累计承保金额达 448.82 亿元,在保余额达 105.06 亿元,如表 5-2 所示。台州信保基金因此被评为 2016 年"浙江省十大服务小微企业优秀项目"。

表 5-2　2020 年台州市小微企业信用保证基金服务情况①

	累计承保笔数(笔)	累计担保授信金额(亿元)	累计服务企业(家)	在保户数(家)	在保余额(亿元)
截至一季度末	36542	359.19	20550	12382	100.51
截至二季度末	40436	387.96	22175	12651	101.78
截至三季度末	43593	414.15	23265	12628	101.20
截至四季度末	47589	448.82	24591	12598	105.06

案例七:台州信保基金增信减费,助推小微企业稳健发展

台州环亚包装有限公司是一家生产珍珠棉等包装材料的企业。2020 年 3 月 20 日,该公司响应政府号召,投资 2000 万元建立 12 条流水线,生产口罩核心原材料熔喷布、鼻梁条,每天能生产 2.5—3 吨的熔喷布,1.5 吨鼻梁条,销售额达到 50 万—60 万元。

在复工初期,台州环亚包装有限公司因为缺少抵押担保物,面临着信贷

① 数据来源于台州市人民政府金融工作办公室《台州金融动态(2020 年第一季度)》《台州金融动态(2020 年上半年)》《台州金融动态(2020 年第三季度)》和《台州金融动态(2020 年度)》。

资金批复难的困境。台州信保基金的工作人员得知企业需求后，及时为企业落实防疫担保专项优惠政策，在原有 500 万元的基础上，再为企业新增 300 万元贷款增信担保，并免收 1 年担保费。

台州信保基金运行中心业务管理部副总经理鲍某某表示："我们首先保障企业在生产经营中资金不断，对存量客户进行续保，对所有存量客户优惠 3 个月的保费，从原来 0.75% 的优惠保费基础上再降到 0.5%。新冠肺炎疫情发生以后，我们按照要求，适当放宽，扩大了企业授信的额度和范围，通过人为干预和相应的考评调整，使企业可以更快获得担保，最大获得担保额度。"

截至 3 月底，台州信保基金的减费政策已惠及台州市近万家小微企业，在保余额达 95.05 亿元，减免保费约为 920 多万元。

（2）推进信用评级项目建设，提升信用风险管理效率

征信有利于降低借贷双方的信息不对称性，有利于达成交易，从而推动全社会经济系统的高效运转，同时可以警示信用风险，降低金融发展的成本，促进金融系统的稳定。对于小微企业来说，信用信息不健全是制约其融资效率与规模的重要因素之一，通过征信机构收集、整理、加工和分析小微企业信用信息，并对其资信情况进行评价，可以有效帮助商业银行筛选优质小微客户，提高小微企业信贷的可获得性，促进信息共享，防范信用风险。

银行信贷管理是小微企业信用评分的主要应用场所，依赖大数据的信用评分结果能帮助银行实现有效的风险管理。信贷风控流程将贷款者的行为分解为营销获客、贷前审核、贷中管理、贷后催收 4 个环节，如图 5-5 所示，并根据企业的基础信息和行为信息构建模型，然后通过该模型的得分，对应相应的风险和策略。下文主要介绍贷前审核、贷中管理、贷后催收 3 个环节。

图 5-5　信贷风控流程

一是贷前审核阶段。根据贷款企业的申请信息信用历史和资产能力等对

贷款企业的还款能力应用申请评分模型进行评分，得分高的可通过申请。 这样一方面可以控制每种类别企业的违约风险，从而降低预期损失；另一方面可以大大减少人工审核的投入，同时比人工审核更客观更快捷更准确。 目前最广泛使用的方法是基于 Logistic 模型的评分卡。 美国 Fair-Company 推出的 FICO 评分系统以 Logistic 模型为基础，国内银行采用的评分系统也多以 Logistic 模型为基础。

二是贷中管理阶段，即发放贷款之后、到期之前的时间段，构建根据放款人放贷后的表现行为，预测未来的逾期/违约风险概率的行为评分卡模型，其目的是监控贷款人贷款的逾期/违约风险。 行为评分卡在模型框架上沿用了申请评分卡的框架，基础模型仍然是逻辑回归模型。

三是贷后催收阶段，将逾期的企业按风险进行划分，并结合账龄和金额对不同风险的客户实施不同的催收手段，例如加强催收有还款能力但还款意愿弱的用户，为有意愿还款但还款能力差的用户提供解决方案。 大数据模型弥补了传统信贷技术的不足，实现了信贷技术的升级，信用评分卡模型中分数对应的风险和收益参数可以帮助管理者制定合理的风险-收益平衡点，在批准率、发放量和风险率的综合考量中取得最优决策。

在此依托之下，台州逐渐形成"技防"与"人防"相结合的风险识别和管控体系，提升信用风险管理的能力和效率，提高小微企业贷款可获得性、拓宽小微企业金融服务覆盖面，实现民营、小微贷款的商业可持续。

案例八："信用评级＋银行贷款"金融服务新模式

黄岩是省级小微企业信用贷款评级试点之一。 2020 年 10 月底，黄岩创新引入"信用评级＋银行贷款"金融服务新模式，充分借力蚂蚁信用评估和黄岩农商银行，创新研发"AR 小微信用评级模型"和"永信小微贷"系列特色产品，通过整合浙江省小微企业云平台、台州市金融信用信息共享平台、蚂蚁企业信用评估平台等三大平台数据，对涵盖 30 个部门的 4 亿多条信息进行筛选、整合、运用，破解信息不对称难题。

同时，黄岩引入第三方信用评级机构，结合本地小微企业特征及指标调整，建立适应当地经济发展生态的小微信用评级模型，对线上线下收集的相关数据进行加工分析，并对企业负债能力、流动性风险、盈利能力和

规模等 4 个维度进行综合量化评分，形成反映企业综合信用状况的信用评估报告，提高信用数据的可视性和使用效率，打破传统"熟人社会"下银行依靠经验判断或"整村授信"的信用评估模式，帮助金融机构构建对陌生企业的 360 度信用画像，帮助小微企业实行信用"变现"，切实解决小微企业"融资难、担保难"的顽疾。

通过前期调研，黄岩区排摸无贷小微企业 11790 家，并对其中符合条件的 7968 家企业进行融资需求摸底。11 月 11 日，该区召开省级小微企业信用贷款评级试点工作动员会后，试点工作不断走深走实，各乡镇（街道）积极动员，全面开展政策解读集中宣讲。11 月 18 日，黄岩一家塑料厂凭借 AR6 信用评级，获得首笔纯信用"小微贷"，贷款额度为 50 万元。"通过大数据为小微企业画像，为银企搭建信用桥梁，不仅能帮助小微企业解决贷款难题，也为银行挖掘了很多潜在的优质客户，从而进一步扩大金融服务覆盖面。"黄岩区市场监督管理局负责人说。值得一提的是，成功申领信用贷款的小微企业主中，近 1/3 为在当地创业的新黄岩人，达到 700 多户。

试点工作开展一个多月来，企业非抵押类贷款审批办理时限由 5 个工作日压缩为 1 个工作日。同时，政府专门补贴 3000 万元，提供 1.5％财政贴息、0.5％风险补偿金等帮扶政策，首贷户平均年利率由 8％降低至 4％，线上放贷率达 76.57％。

截至目前，已提交申请的小微企业有 1159 家，预计融资需求可达 14.5 亿元，各类财税优惠政策将为企业节约财务成本 5830 万元，这将极大地激发小微企业市场活力。

5.3.2 深入实施融资畅通工程,提升小微企业金融服务质效水平

台州被设立为国家级试验区以来，坚持以服务实体经济、服务小微企业为改革创新的出发点和落脚点，充分发挥政府及金融机构的作用，全面推行普惠性小微企业金融服务，扩大金融服务机构的规模和范围。对此，台州大力支持发展小法人金融机构，形成了多元化、多层次、差异化的小微金融服务格局，为小微企业信贷服务提供了有力保障。

（1）开展商标质押融资试点，破解小微企业抵押物不足问题

民营经济活跃的台州市，拥有丰富的商标资源，在 46 万余户的市场主体中，有境内注册商标 12 万件、国际注册商标 1.5 万件，其中行政认定驰名商标有 56 件，浙江省著名商标有 337 件，台州市著名商标有 443 件，在推进商标质押融资方面有广阔的发展前景。

2015 年，台州市成为全国首个商标质押融资试点地区，开通国家商标局与台州的商标数据专线，多方合力打通"评、贷、还"等环节阻滞，激发银企参与积极性。2016 年 6 月，国家工商总局在台州召开注册商标质押融资工作经验交流会，在全国范围内推广台州经验和做法。截至 2020 年末，累计办理商标质押登记 2523 件，发放商标专用权质押贷款 172.06 亿元，如表 5-3 所示。此外，台州市还积极开展专利权、排污权等无形资产质押融资创新。

表 5-3　2020 年台州市商标专用权质押情况①

	累计办理商标质押登记(件)	质押金额(亿元)	累计发放贷款(亿元)
截至一季度末	2002	145.1	135.3
截至二季度末	2035	147.44	143.44
截至三季度末	2185	161.63	150.66
截至四季度末	2523	193.95	172.06

案例九:浙江省首笔集体商标质押贷款

台州市临海市河头镇农产品产销协会凭借"大石垂面"集体商标，向临海农商银行质押 1000 万元，获得授信 400 万元，这是浙江省首笔集体商标质押贷款授信。

浙江农信辖内临海农商银行积极推进知识产权质押融资工作，主动对接市场监督管理局，深入挖掘商标、专利、地理标志等知识产权的潜在价值。经过陈某调研，在中国人民银行、银保监会的支持指导下，该行对集

---

① 数据来源于台州市人民政府金融工作办公室《台州金融动态(2020 年第一季度)》《台州金融动态(2020 年上半年)》《台州金融动态(2020 年第三季度)》和《台州金融动态(2020 年度)》。

体商标权的质押进行探索尝试，通过对"大石垂面"产品本身和品牌建设情况的全面评估，创新推出"大石垂面"集体商标质押贷款。

　　除此次批量授信外，临海农商银行还将对河头镇农产品产销协会的 27 家会员开通绿色通道、专人跟进负责，从开立结算账户、办理网上银行、代发工资，打通金融服务的各个环节，消除服务盲区，全面促进产业发展，助力提升大石垂面商标价值①。

　　（2）首创政策性转贷机制，清理转贷"过桥"环节

　　以信保基金为支撑，台州着力打造立体供给体系，在全国首创建立国家政策性银行与小法人银行政策性转贷款合作机制。 台州区域内小法人银行具有"重心低、门槛低、触角广、客户多、不良贷款率低、风控好、可复制"的优势，却缺乏低成本资金，而政策性银行恰好具有资金量大、资金成本低的优点。 政策性银行通过市场化运作方式贷款给小法人银行，以贷款基础利率减点确定贷款利率，小法人银行再转贷给民营、小微企业，保证其享受低成本资金。

　　2015 年，中国进出口银行率先在台州地区试点提供小微企业转贷款政策性资金，打通了政策性金融与中小商业银行合作支持小微企业的资金通道。 历经几年的探索，"银银合作"的"台州样本"逐渐成型，3 家政策性银行结合自身的职能定位与业务特点，形成"分类推进"的转贷款模式，有效满足差异化的客户需求。 2020 年 10 月 30 日，国家开发银行、中国进出口银行、中国农业发展银行等 3 家政策性银行的浙江省分行在台州签署支持小微企业联合行动方案，力争 2020—2021 年转贷款投放不低于 500 万元，支持小微市场主体数不低于 3 万户。 截至 2020 年 11 月末，全国 3 家政策性银行已与台州 17 家中小银行开展转贷款合作，转贷款授信余额达 377 亿元，用信余额达 257.4 亿元，占浙江省的 52%，惠及小微企业及农户额度平均达 3.8 万元，平均贷款利率低于普通贷款 2.16 个百分点。

　　台州在全国率先上新"线上续贷中心"，以"零门槛、零费用、零周期"为导向实现无还本续贷增量扩面。 续贷转贷始终是小微企业融资面临的巨大难题。 而无还本续贷是解决续贷转贷难题的有效手段，其业务本质在于解决

---

　　① 案例九内容来源于台州市人民政府金融工作办公室金融动态。

期限错配，实现银行贷款到期续贷与小微企业实际资金需求的无缝对接，缩短小微企业获得银行续贷时间。 小微企业在新冠肺炎疫情影响下，可能存在多笔贷款未及时回笼，导致无法按时还款，而无还本续贷有利于减轻小微企业转贷压力，盘活企业营运资金，差异化地激励信用良好的企业。 台州银行积极响应五部委信用贷款支持政策，着力研发无还本续贷产品，有效对接办理延期还本业务。 针对新冠肺炎疫情期间还款困难的客户，台州银行推出"战役接力贷"，缩短转贷时间，节约转贷成本。 而针对受新冠肺炎疫情严重影响的小微企业，台州银行推出"帮扶接力贷"，无需归还本金即可办理续贷服务。 截至 2020 年 7 月，台州银行共办理符合政策支持条件的延期还本贷款业务 10.58 亿元。

案例十：台州"线上续贷中心"——解决转贷续贷难题

2020 年，台州银保监分局在浙江省台州市掌上数字金融平台上线"续贷中心"，同时设立续贷体验区，解决小微企业续贷的后顾之忧。

温岭的林先生在台州、沈阳、北京、广州等地经营猪肉批发生意，与浙江泰隆商业银行建立了 10 多年的信贷合作关系，近 3 年授信金额稳定在 300 万元。 受新冠肺炎疫情影响，林先生需要大量资金囤货以满足销售需求。 眼看着贷款就要到期了，林先生焦急万分。 在看到该行客户经理朋友圈关于上线"续贷中心"模块的宣传后，他马上就在"续贷中心"线上模块点击了续贷申请。 "没想到客户经理在 1 个工作日内就主动联系了我，还为我准备好了申请资料，在贷款到期前办理了续贷。"林先生说。

目前"续贷中心"线上平台已接入 40 家银行机构的续贷业务，截至 2020 年 9 月 30 日，累计办理线上续贷 6444 笔，贷款金额达 41.48 亿元，已在 2 个区县行政服务中心、3 家银行网点建成 5 个续贷中心线下体验区①。

（3）落地"双保"应急融资试点机制

为解决后新冠肺炎疫情时代小微企业融资难的问题，台州银保监分局积极推动保就业、保市场主体的"双保"应急融资试点机制快速落地，通过"政府＋银行＋企业"协同联动模式，引导信贷资金精准支持吸纳就业多且融资有

---

① 案例十内容来源于中国银行保险报网。

困难的企业，并精准识别 3423 家符合要求的企业，由政府性融资担保机构提供担保，专项用于满足订单生产的资金需求，以及企业支付员工工资、水电费用、租金等刚性经营性支出。

案例十一：台州首笔"双保"应急融资批量担保贷款

位于涌泉镇的浙江顶立添翼汽车部件股份有限公司有一笔 800 万元的信保基金贷款在本月到期，按照原先办事流程，公司需花费至少半年的时间将贷款金额全部存回账户，再向台州信保公司和贷款发放银行申请续贷，长时间的贷款审批对公司资金压力很大。

2020 年 10 月中旬，在台州信保公司保就业、保市场主体的"双保"应急融资批量担保业务首场签约仪式上，临海农商银行与台州信保公司签订"双保"应急融资批量担保业务合作协议，并申请了首单"双保"应急融资批量担保业务保函，及时为浙江顶立添翼汽车部件股份有限公司发放了 800 万元的"双保"应急融资担保贷款，这也是台州首笔"双保"应急融资批量担保业务。只需半天时间，临海农商银行就办好了顶立添翼公司的续贷手续。

临海农商银行科技支行行长李某某告诉记者，今年以来，为了响应国家"六稳""六保"政策，作为全市农村金融市场主力军的临海农商银行开发了一系列好产品，并把这些好产品及时投放给企业，助力企业发展。此次临海农商银行与台州信保公司达成合作协议，为解决中小微企业担保抵押难问题开辟了新途径。接下来，临海农商银行还将在风险可控的前提下，优化审批流程，提高办贷效率，精准支持受新冠肺炎疫情影响急需融资的企业，全力护航"六稳""六保"①。

5.3.3 推动企业对接多层次资本市场，助力小微企业高质量发展

作为台州制造业发展的主力军，小微企业上规是通往高质量发展的拐点。为此，台州深化与浙股交中心合作共建"台州小微板"，实施"雏鹰计划"，优选全市高质量科技型小微企业全面开展升级版"小升规"企业培育行动和股

---

① 案例十一内容来源于临海新闻网。

改工作,构建"规范培育、直接融资、转让交易和股权定价"等金融体系。

其一,推进企业治理与管理升级。 政府最大力度给予政策扶持,鼓励小微企业爬"坡"上规,将上规 3 年内的企业作为小微企业创业创新服务券的重点支持对象,在各类人才培养中给予更多名额。 2020 年 7 月,台州市人民政府办公室出台的《关于加快推进制造业高质量发展的若干政策》中明确提出:对首次上规且次年仍在库的制造业企业,给予最高一次性 10 万元奖补;对首次上规在库企业次年起连续 3 年实际地方贡献 100% 予以奖励。 在"亩均效益"综合评价中,对首次上规后且连续 3 年在库的企业,提升一档享受政策。同时,市、县两级经信部第一时间走进企业车间,宣传"小升规"优惠政策,提高"上规"工作的透明度和知晓度。

其二,树立"以园育企,以企兴园"的"台州样板"。 台州积极提升小微企业园数字化建设,将小微园打造成"小升规"企业培育的重要阵地,对入园企业实现基础规范管理全覆盖(园区全覆盖摄像头),区内所有企业能耗情况时时跟踪,亩均产值、亩均税收、累计投资等重要数据定时更新;企业发展状况可以研判。 截至 2020 年 9 月,全市累计已建成投运小微企业园 138 个,建筑面积约为 1118.33 万平方米;在建小微企业园有 89 个,建筑面积为 1022.06 万平方米,同时入选省五星、四星级园区和省数字化示范园区的企业园数量均居全省前列。

其三,深化资本服务平台建设。 台州在全市范围内开展小微企业融资专业化辅导。 率先推出全程企业挂牌服务和企业联合辅导中心两个服务平台试点,发挥市场化机构优势对符合条件中小微企业从培育发展到推动新三板挂牌进行全程和前期"零"收费服务,同时联合本区域优质中介机构对面广量大中小微企业提供"一站式"全方位法律、财务、税务、管理咨询,人力资源以及贸易服务等业务。 此外,台州加快推进银行间债券市场"台州小微板"的创设,推进有条件的园区组织园内企业发行双创债、中小企业集合债等。 推动股权投资、信用保险、区域股权交易中心等机构联合成立投资基金,对科创类小微企业试点发行可转债产品。

此外,台州创新打造各类金融中心建设,打造国家级小微金改试验区升级版,助力小微企业高质量发展:

一是建设国家级普惠金融人才培养中心，打造开放式小微金融研究基地。台州通过市场化运作、长短期结合、市内外兼顾，创建混合制"普惠金融学院"，多层次满足金融机构对于小微金融专业人才培养的需求，努力建设国内"普惠金融"领域领先、有特色的专业学院。同时，在台州地区建设成集科学性、知识性、趣味性和观众参与性于一体的小微金融博物馆。

二是建设小微金融产业集聚中心，打造区域金融产业集聚发展与服务基地。台州市政府坚持推进台州普惠金融小镇建设，运营好投资管理型村镇银行试点，争取设立地方法人资产管理公司、融资租赁公司等项目。并且，台州主动融入长三角一体化，大力培育、引进和发展各类投资基金及为融资服务配套的会所、律所、评估咨询公司等中介机构。探索发展供应链金融业态，对接省金控等机构打造第三方供应链金融服务平台，引导银行机构设立供应链金融专营机构。

三是建设科技金融路演服务中心，打造人才科技项目投融资综合服务基地。台州积极建设科技金融路演服务中心，旨在打造集投融资路演、招商引资、科技产业化、人才引进培育于一体的科技金融综合服务平台，打通台州市人才新政、科技新长征和融资畅通工程三大重点工作之间的堵点。市政府也不断鼓励各县市区积极探索建立多层面政府引导机制、全链条金融扶持机制、全领域机构合作机制，形成多元化、多层次、多渠道的科技投融资体系和服务平台①。

四是设立浙江（台州）小微金融研究院，编制全国首个小微金融指数（台州样本），开展小微金融运行规律、发展趋势等方向的理论研究与实践总结。2016 年 7 月，台州市人民政府、中国经济信息社和中国金融信息中心联合共同对外发布小微金融指数（台州样本）。该指数基于大数据理念，采用全样本数据分析，揭示小微企业发展运行情况、小微企业金融服务水平和信用状况，并动态监测行业发展趋势。指数基期为 2014 年 6 月末，基数为 100，指数按月计算、每季发布。利用指数动态监测小微企业运营状况，有助于提高服务小微企业的针对性，为政府决策提供参考，并洞察行业景气变化趋势，从而提高信贷资源的配置效率。

---

① 内容来源于《（报送 2020）关于报送 2020 年金融改革工作要点的函（报省局）》

5.3.4 健全市县两级金融风险防控机制,防范小微企业金融风险

（1）建设"天罗地网"防控系统,网格化管理地方金融风险

金融风险"天罗地网"监测防控系统,是一套整合线上线下金融风险管理资源,搭建了集互联网大数据、基层网格化排查信息及相关管理部门等信息渠道为一体的全方位、立体化运行系统,旨在实现对金融风险的全天候、全流程、全覆盖监控,并及时落实风险处置责任、处置结果反馈,从而将金融风险化解在萌芽状态。 "天罗"是指依托互联网大数据技术平台接入的各类监测数据信息,对线上金融风险开展实施监测,及时锁定违法违规主体,并进行鉴别,落实处置责任,采取监管措施;"地网"是指纵向依托基层社会治安综合治理网格化管理平台接入的排查信息,横向依托金融监管部门和相关管理部门接入的监管数据信息,对线下金融风险开展日常监测。

台州民资丰富,小微企业众多,素有小微金融"全国看浙江,浙江看台州"的美誉。 因此,防控金融风险,对地方金融风险实行网格化管理,具有重要意义。 2018 年,台州市委、市政府发布《关于推进金融风险"天罗地网"监测防控系统建设的通知》,明确将地方金融风险排查纳入网格化管理,成立台州市推进金融风险"天罗地网"监测防控系统建设工作领导小组,真正推动该项工作落到全市各乡镇（街道）。 市政府结合台州实际,将"服务实体经济、服务乡村振兴"的金融"双服务"活动与"天罗地网"系统建设进行有机结合,并利用金融机构在基层分布广、网点多的特点,建立金融指导员队伍,由一名网格员配备一名金融指导员,共同开展"地网"工作。

（2）探索"三员三基地",完善金融应急管理机制

台州积极探索建立"三员三基地",即"金融顾问团（员）、金融指导员、金融网格员""融资服务基地、投资风险教育基地、金融先锋服务基地",建成覆盖村居（社区）一线的基层金融风控队伍,切实将地方金融风险排查纳入基层社会治理,实现区级、镇（街道）级、村（居、社区）级三级联动,线上线下交叉互动,探索建立投资与融资全方位覆盖的金融服务与风险防控体系,推动基层党建和民营经济发展深度融合。 截至 2020 年末,台州完成4191 家机构认领核验工作,已对 3304 家机构开展了日常现场摸排。 为维护

系统金融安全，台州市金融办不断完善金融突发事件应急管理工作机制，率先在全省成立"金融仲裁院"，于路桥区试点成立全省首家县级金融纠纷人民调解委员会。

6

政策支持体系

6.1 本章概要

为帮助小微企业缓解新冠肺炎疫情下的生产经营问题，我国央行坚持运用稳健的货币政策，保市场主体，稳经济基本盘，在新冠肺炎疫情的不同阶段有针对性地采取贷款延期还本付息等普惠金融政策，加大力度解决小微企业还款难问题，积极引导小微企业复工复产。

本章梳理了新冠肺炎疫情期间国家及地方陆续出台的一系列惠企政策，并对政策进行分析。一方面，国家介入财政资金以维持金融稳定，为小微企业提供低成本的普惠性资金，提高小微企业的金融可获得性，同时财政部出台减税降费等措施，减轻小微企业运营成本。另一方面，政府积极推行复工复产政策，保障民生与就业，实现企业生产要素的畅通。

台州市结合自身实际情况，对国务院、浙江省小微企业新冠肺炎疫情支持政策进行有效落实：

第一，台州坚持政银保企深度融合理念，推出"政府＋银行"组合政策，发挥政策性逆周期扶持作用，以专项政策服务新冠肺炎疫情防控企业。同时，中国人民银行台州分行建立"三专"管理制度，及时落实央行政策红利与

"两直"补助,保障政策传递到企业的高效性、时效性。

第二,台州坚守定位重心低的初心,针对小微企业金融需求小而分散的特点,组织法人银行开展线下精准化摸排,建立"线上+线下"银企融资对接机制,确保政策精准快速滴灌小微企业。

第三,台州通过网络媒介与各类平台,建立多维宣传机制,着力扩大政策知晓面与覆盖面,有助于营造良好的营商环境,提高小微企业法人对未来发展的信心,激发企业潜在信贷需求,迸发台州小微经济发展的活力。

6.2 国务院小微企业政策

国务院从延长纳税申报期限、减免税收、降低贷款利率、延期还本付息、减免经营用房租金等方面减轻小微企业资金压力、加大对小微企业的信贷支持,如表6-1所示。

表6-1 国务院小微企业支持政策

颁布日期	政策名称	内容要点	关键词
2020年2月6日	《关于支持新型冠状病毒感染的肺炎疫情防控有关税收政策的公告》	进一步延长纳税申报期限,对交通运输、餐饮、住宿、旅游困难行业企业2020年度发生的亏损,最长结转年限由5年延长至8年	延长纳税申报期限
2020年2月7日	《关于打赢新冠肺炎疫情防控阻击战强化新冠肺炎疫情防控重点保障企业资金支持的紧急通知》	在人民银行专项再贷款支持金融机构提供优惠利率信贷支持的基础上,中央财政按企业实际获得贷款利率的50%进行贴息。贴息期限不超过1年,并鼓励地方财政再予以进一步支持。财政贴息以后,小微企业负担的利息成本低于1.3%。同时,下调支农支小再贷款利率0.25个百分点,由原来的2.75%调成2.5%。央行新增再贷款再贴现额度5000亿元,重点用于中小银行加大对中小微企业信贷支持。政策性银行增加3500亿元专项信贷额度,以优惠利率向民营、中小微企业发放	财政贴息,下调再贷款利率加大信贷支持

续　表

颁布日期	政策名称	内容要点	关键词
2020 年 4 月 2 日	《关于 2020 年推动小微企业金融服务"增量扩面、提质降本"有关工作的通知》	明确实现 2020 年银行业小微企业(韩小微企业主、个体工商户"努力实现 2020 年银行业小微企业(含小微企业主、个体工商户)贷款"增量、扩面、提质、降本"的总体目标	贷款"增量、扩面、提质、降本"
2020 年 4 月 3 日	《关于支持中小微企业和个体工商户发展积极减免经营用房租金的通知》	在确保中小微企业和个体工商户承租经营用房租金只降不增的基础上,与承租本企业经营用房的中小微企业和个体工商户积极对接,帮助对方切实减轻经营负担。受新冠肺炎疫情影响较小、自身经营实力较强的企业要积极落实国家有关部门和所在地政府减免政策要求。受新冠肺炎疫情冲击较大、但经营风险可控的企业要与有关租户一户一策确定减免方式	减免经营用房租金
2020 年 5 月 26 日	《关于进一步强化中小微企业金融服务的指导意见》	不折不扣落实中小微企业复工复产信贷支持政策,开展商业银行中小微企业金融服务能力提升工程,改革完善外部政策环境和激励约束机制,发挥多层次资本市场融资支持作用,加强中小微企业信用体系建设,优化地方融资环境、强化组织实施	强化中小微企业金融服务
2020 年 6 月 1 日	《关于对中小微企业贷款实施临时性延期还本付息的通知》	对于 2020 年 6 月 1 日至 12 月 31 日期间到期的普惠小微贷款(包括单户授信 1000 万元及以下的小微企业贷款、个体工商户和小微企业主经营性贷款,下同),按照"应延尽延"的要求,实施阶段性延期还本付息	延期还本付息
2020 年 6 月 1 日	《关于加大小微企业信用贷款支持力度的通知》	自 2020 年 6 月 1 日起,中国人民银行通过货币政策工具按季度购买符合条件的地方法人银行业金融机构新发放的普惠小微信用贷款。获得支持的地方法人银行业金融机构要制定普惠小微信用贷款投放增长目标,将政策红利让利于小微企业,着力降低信用贷款发放利率	降低贷款利率

在保证小微企业资金流转的基础上,恢复企业生产要素流通,放开货运物流限制,确保员工"回得来"、原料"供得上"、产品"出得去"是复工复产

的必要条件。 为此,国务院联防联控机制印发《企事业单位复工复产新冠肺炎疫情防控措施指南》,推动稳步有序复工复产。

6.2.1 畅通企业生产要素流动,降低企业成本

其一是保障小微企业新冠肺炎疫情防控物资需求。 在地方政府大力支持新冠肺炎疫情防控物资企业尽快高效复工复产,做好防控物资储备工作的基础上,通过及时了解企业复工复产面临的防控物资实际需求,帮助企业协调解决复工复产所需的口罩、消杀用品、测温仪等防控物资保障等难题。

其二是减轻企业用水用电用气负担。 国家发展改革委员会发布《关于新冠肺炎疫情防控期间采取支持性两部制电价政策降低企业用电成本的通知》,放宽容(需)量电价计费方式变更周期和减容(暂停)期限,电力用户即日可申请减容、暂停、减容恢复、暂停恢复。 原选择按合同最大需量方式缴纳容(需)量电费的,实际最大用量不受合同最大需量限制,超过部分按实计取。国有供电供水企业提前执行淡季价格政策,尽可能降低天然气价格水平。 新冠肺炎疫情期间,对中小企业生产经营所需的用电、用水、用气,可实施阶段性缓缴费用,对欠电费、水费的中小微企业不断供、不收取滞纳金。 降低新冠肺炎疫情防控期间企业用电、用水成本。

其三是保障企业网络通信畅通。 运营商在新冠肺炎疫情期间要加强应急通信保障,优化信息通信服务,为企业复工复产提供有力支撑。

其四是保障企业运输需求。 畅通交通运输通道,不得出现自行设卡拦截、断路等阻碍交通现象。 可为新冠肺炎疫情救援人员、防疫物资运输车辆开辟"绿色通道",对新冠肺炎疫情防控企业和人员发放特别通行证,确保车辆的安全快速优先通行。

6.2.2 保民生保就业,支持企业复工稳岗

其一是促进返工人员及时到岗,运用信息化"行程证明""健康码"等手段落实员工健康监测,必要时可开辟员工返岗绿色通道,组织开展对用工集中地区和集中企业"点对点"的专车(专列)运输服务。

其二是在保障员工返岗的基础上,通过政策支持减轻企业用工负担。 自

2 月起，可阶段性（最长不超过 5 个月）免征中小微企业基本养老保险、失业保险、工伤保险单位缴费部分，阶段性（最长不超过 5 个月）减征职工基本医疗保险单位缴费部分。 对不裁员或少裁员的参保企业，可依规返还部分上年度实际缴纳失业保险费。 受新冠肺炎疫情影响生产经营出现严重困难的企业，可申请缓缴社会保险费及住房公积金（原则上不超过 6 个月）。

其三是支持企业开展员工岗位培训。 鼓励企业在停工期、恢复期利用"中国职业培训在线"等国家级培训平台提供的视频课程、电子书等教学资源，提升员工职业技能与专业素质。 并对企业吸纳下岗失业、农村劳动力、转岗职工和就业困难人员等重点群体就业，按规定开展培训给予补贴。

其四是畅通企业用工供需对接机制。 引导企业用好各类人才信息供需对接平台，推进线上供求匹配对接和远程招聘。 同时，精准摸查企业用工需求，协调企业间暂时性员工共享，加强企业需求与本地富余劳动力、外来务工人员的精准对接，帮助企业满足阶段性用工需求。

6.2.3 开辟小微企业政策互通渠道

一是网上有专栏，在国家政务服务平台中设立小微企业和个体工商户专栏，让相关的政策措施易于知晓。 二线上有专席，是在 12366 纳税服务热线设置小微企业专席，畅通线上直连互通渠道。 三点上有专人，是在办税服务厅都设立了咨询台和引导员，为小微企业和个体工商户提供专门的导税服务。四是事上有专办，税务总局专门设立了小微企业服务处，各地税务服务机关指定专门部门负责小微企业和个体工商户服务工作①。

6.3 浙江省小微企业政策

小微企业是浙江经济增长重要拉动力，2020 年新冠肺炎疫情暴发后，浙

---

① 以上资料来源于国家政务平台——工业和信息化部中小企业局 2020 年 3 月 30 日发布的支持中小企业应对新冠肺炎疫情政策指引，网址链接 https://zc.gjzwfw.gov.cn/art†3/30/art_8_16677.html。

江省结合自身小微企业发展现状因时因势出台一揽子政策，印发如《关于加大力度支持小微企业渡过难关的意见》《关于应对新冠肺炎疫情影响加大对个体工商户扶持力度的若干意见》等系列文件，认真落实中央资金"直达市县基层、直接惠企利民"部署要求，切实下达每个部门，降低小微企业要素成本，加大对小微企业复工复产的支持，在帮助小微企业渡过难关上取得显著成效。如表 6-2 所示：

表 6-2　2020 年浙江省小微支持政策

颁布日期	政策名称	内容要点	关键词
2020 年 2 月 10 日	《中共浙江省委浙江省人民政府关于坚决打赢新冠肺炎疫情防控阻击战全力稳企业稳经济稳发展的若干意见》	坚持新冠肺炎疫情防控和复工复产两手抓	新冠肺炎疫情防控复工复产
2020 年 2 月 27 日	《深化推进企业复工复产安全生产十条举措》	优化行政审批减环节。对已经停产且安全生产许可证到期的企业允许延时换证。对企业主要负责人、安全管理人员、特种作业人员资质证书到期后实行继续有效 网上办理，减少流程。对安全生产许可证颁发、延期及变更实行先批后审。对建设项目安全审查实行网上审查或函审	安全生产
2020 年 3 月 10 日	《进一步鼓励引导地方金融组织支持小微企业复工复产》	鼓励小额贷款公司加大贷款支持，优化融资担保增信服务，充分发挥交易场所平台作用，降低典当融资成本，减免融资租赁租金利息，有效做好不良资产处置，加强农村信用互助，引导民间资金支持防疫复工项目，提升应收账款融资便利	加大贷款支持优化融资担保服务
2020 年 3 月 12 日	《大力实施减税减费减租减息减支共克时艰行动方案》	减税减费减租减息减支	五减
2020 年 4 月 26 日	《关于落实细受新冠肺炎疫情影响企业减租减支联动措施的实施方案》	延长政策实施时间，政策支持对象扩展到中型以下企业，优化财政资金拨付	延长政策实施时间 扩大支持对象

续 表

颁布日期	政策名称	内容要点	关键词
2020年6月28日	《进一步助力市场主体纾困促进高质量发展的若干意见》	延长增值税、所得税、房产税、城镇土地使用税减免政策时限。减免小规模纳税人增值税,加大出口退税支持。进一步加大降费降息力度。支持激活市场,强化政策落实	延长税收减免时限 加大降费降息力度
2020年10月17日	《浙江省小微企业和个体工商户"首贷户拓展三年行动"方案(2020—2022年)》	降低首贷户融资门槛和融资成本	降低融资门槛和成本

6.4 台州市小微企业政策

6.4.1 "政府＋银行"组合政策,强化信贷支持力度

"战疫"经济之下,台州市小微企业信用保证基金运行中心(以下简称"台州信保基金")积极发挥政策性逆周期扶持作用。 为做好新冠肺炎疫情防控金融工作,助力企业全面复工复产,台州信保基金结合政府政策第一时间推出"防疫保""延期还款""新冠肺炎疫情防控专项再贷款""复工复产专项再贷款"等多项减费政策,以专项政策服务新冠肺炎疫情防控企业和实现全面惠及存量、新增客户"两手抓",加强新冠肺炎疫情防控企业首贷扶持力度,减免当期担保费,允许新冠肺炎疫情受困企业延期还款缓解压力。 在原有远低于市场水平的0.75％费率基础上,再通过多项减费政策降低存量和新增客户融资成本,享受3—12个月不等的保费减免期,帮助企业渡过难关。至2020年3月末,业务已实现"三超",累保金额超300亿元,累保户数超20000户,在保余额突破百亿元大关,实现资本规模的近10倍放大,小微企业和"三农"在保余额稳定在全省地市级政府性融资担保机构第一位。 仅3月份1个月,开立保函总额超14亿元。

6.4.2　落实财政补助资金、建立三专管理制度

2020 年 3 月 12 日,浙江省新型冠状病毒肺炎疫情防控工作领导小组印发《大力实施减税减费减租减息减支共克时艰行动方案》,要求通过省市县联动、政银企协同,大力实施减税减费减租减息减支共克时艰行动。 紧密结合"三服务"活动,落实落细惠企助企活企政策,以最大力度推进减负降本,以最大惠企政策对冲新冠肺炎疫情带来的不利影响,对此台州市新型冠状病毒肺炎疫情防控工作领导小组出台《关于落实"三减"联动实施方案的紧急通知》,各级单位及时审核"三减",联动拟减息贴息政策企业名单,确保政策快速惠及企业。

中国人民银行台州分行积极指导和督促地方法人银行第一时间建立直达工具"专项产品、专项额度、专项考核"三专管理制度,将央行政策红利与"两直"补助,即上级补助资金和自由资金,及时传达到基层支行和客户经理,确保政策精准快速滴灌小微企业。 如:泰隆银行设立了"信隆通"等专项产品,制定信用贷款专项考核激励办法;台州银行制定贷款延期专项奖励办法,根据单笔贷款延期金额大小进行奖励,同时将贷款延期获得的央行激励收入计入 FTP 考核;路桥农商行下放支行信用贷款审批权限,对新增小微企业信用贷款给予专项考核奖励;玉环永兴村镇银行制定下发专项任务计划,单列贷款延期和信用贷款发放的考核内容等。 同时,中国人民银行台州分行与发改、文旅、经信、商务、工商联等部门加强合作和对接,建立外贸"订单+清单",重点培育企业等 5 张金融支持稳企业保就业优先支持企业白名单,联合市场监督管理局等部门梳理全市无贷户小微企业名单 13.5 万家。

6.4.3　开展精准化摸排,建立"线上十线下"银企融资对接机制

"台州融资通"平台设立央行政策支持贷款专区,并上架央行政策支持的专项信贷产品,方便企业和银行进行双向选择,要求银行对于企业提出的融资需求,必须在 3 日内予以答复,确保对接高效。 同时,结合"万员助万企""百地千名行长助企业复工复产""首贷户拓展"等专项行动,组织银行机构加强线下摸排对接,并按照"四色图谱"做出标识、分类施策,对于确无融资

需求的企业（红色）不再"骚扰"；对不符合贷款基本条件的企业（橙色）不再浪费人力；对有融资需求但条件略有不足的（黄色），通过信保基金增信等提供精准帮扶，尽量满足其融资需求；对满足贷款条件且有潜在贷款需求的（绿色）的，则加大营销力度。 并根据企业融资需求的紧迫度，分出当前急需、3 个月内需要、3—6 个月需要、7—12 个月需要等 4 档，根据轻重缓急进行有序对接。

6.4.4 建立多维宣传机制,着力扩大政策知晓面

中国人民银行台州分行联合经信、工商联等部门，依托经信中小企业服务平台、台州融资通平台、《台州日报》、"台州发布"等，组织银行利用网点、门户网站、手机 App、微信公众号等，以通俗易懂、图文并茂的方式广泛宣传直达工具等央行政策，扩大政策的知晓度和覆盖面，最大程度地激发企业潜在信贷需求。 同时，辖内相关案例多次被《人民日报》《经济日报》《金融时报》等权威媒体报道，与主流媒体的合作不断深入①。

---

① 以上资料来源于中国人民银行——分支机构动态。http://www.pbc.gov.cn/goutongjiaoliu/113456/113475/4092752/index.html。

7
结论与建议

小微金融服务是一个世界级难题，存在着"量增、价降、风险可控"的不可能三角，在"十四五规划"开局之年，小微金融仍需砥砺前行。 本报告依托台州市金融服务信用信息共享平台的微观大数据，对 2020 年台州市小微金融服务发展情况做出详细分析，并总结归纳了"台州模式"的新内涵。

7.1 主要结论

第一，新冠肺炎疫情影响下台州市小微企业生存风险加剧，其中批发业与零售业受影响最深、最广、最久。 2020 年台州市小微企业注销数目为 14106 家，下降幅度持续放缓。 分行业来看，台州批发业与零售业的小微企业受影响最大，注销企业中经营时长中位数下降到 2.34 年，月注册资本总量则出现了大幅度的下降，中位数下降至 5 万元左右；住宿餐饮业注销企业的经营时长下降至 2.58 年，月注册资本则在 5 万元左右持平；制造业则受影响较小，各项指标基本持平。 此外，由于盲目扩张而关停的小微企业占比上升，小微企业授信需求同比下降 43％。

第二，台州市小微金融服务紧扣新冠肺炎疫情下的小微企业需求，不断践行"金融服务实体"的发展理念，助力复苏小微金融，进一步发展"台州模

107

式"。 2020 年台州市小微金融服务面对重重挑战,全年实现了贷款余额同比
增长21.98％、小微企业贷款户数同比增加 3.58 万户和不良贷款率下降到
0.6％的平稳增长。 台州银行业存贷款余额继续保持着上升趋势,信贷供给充
足,小微企业不良贷款的结构也得到优化;在农村金融方面,相关合作金融机
构贷款吸纳户首次超过城市商业银行。

第三,具有典型集聚特征的行业面临恢复困境,科技赋能下的教育行业迎
来新的时代机遇,小微企业复工复产步伐加快、情况好转,于 8 月份基本恢复
至上年同期水平。 新冠肺炎疫情暴发后,台州市小微金融积极响应小微企业
帮扶政策,并通过创新金融服务、送贷上门等方式为小微企业纾困,促进其复
工复产。 台州市小微企业在 8 月份基本恢复至上年同期水平,恢复速度快、
质量高,且具有一定的抗干扰能力。 分行业而言,小微企业恢复指数运行结
果显示金融业与教育行业逆势而上取得发展,而具有典型集聚特征的文化、体
育、娱乐业和住宿与餐饮业等则需要更长的恢复时间。

第四,小微金融总指数运行平稳但较去年有所下滑,台州市小微金融仍需
砥砺前行。 小微金融总指数与 3 个二级指数在 2020 年均呈现出"下降—波
动—上升"的态势。 具体而言,总指数与成长指数的运行情况基本相同,均
在 3 月降至低点后开始逐步回升,信用指数与服务指数的转折点则出现在 7
月。 截至年末,信用指数已经超过上年同期水平,然而总指数、成长指数、
服务指数仍未恢复,并且仍存在企业授信资金利用率低的问题。

第五,台州市小微金融通过完善多层次服务体系、健全风险防控机制、优
化营商环境等方式,不断丰富"台州模式"新内涵。 2020 年,台州市小微金
融在原有的数字化技术基础上,持续升级"两平台一基金",并结合新冠肺炎
疫情时期融资放贷的特殊性,进一步推广了"科技＋金融"等数字小微服务。
另外,台州市小微金融不断完善信用评分体系,旨在充分发挥数据作用,进一
步防范小微企业金融风险、解决供需双方之间信息不对称问题。 台州市政府
还根据小微企业实际情况出台了相关政策措施,在突发外部风险的情况帮助
小微企业纾困。 通过一系列的举措,小微金融"台州模式"已经具有新发展
阶段的新内涵。

7.2　未来发展建议

　　第一，进一步出台小微企业复工复产的扶持政策，着重发挥小微金融的引导性作用。 在新冠肺炎疫情影响下，小微企业受到的冲击相比大企业更加严重，因此也需要更长的时间进行恢复。 在后新冠肺炎疫情时代，台州市仍需要推动完善小微企业的政策支持体系，以小微金融为主要发力点，一方面是逐步推动小微企业的全面复工复产，助其恢复到新冠肺炎疫情前的水平并寻求发展；另一方面是在严峻的国际形势下，面对外贸订单锐减的局面，应该促进小微企业，特别是外向型小微企业参与到国内大循环中。 此后，随着小微企业的逐渐复苏与新冠肺炎疫情的变化，政策支持体系再针对性地考虑缓慢退出或是进行改善。 同时，在后新冠肺炎疫情时代，台州市政府要着重发挥小微企业金融服务的引导性作用，不断改善小微企业的生存环境，在面对外部风险挑战时通过多层次的金融扶持为小微企业纾困，并引导其提升自身素质，寻求高质量的发展。

　　第二，以数字金融为先驱，通过科技赋能推动产业链数字化升级。 在传统的线下融资业务中，小微企业容易出现财务报表缺失和虚假等问题，这使得金融机构难以掌握小微企业的真实情况，进而引发出小微企业风控难、授信难等问题。 另外，在数字化升级成为全球产业共识的背景下，小微企业在数字化升级过程中由于产业松散、管理不规范、资源有限等问题，转型需要由外向内驱动。 针对上述情况，台州市小微金融需要率先进行数字化改革升级，在提升服务效率的同时降低银企之间的信息不对称性。 接着小微金融可以利用统一平台整合的信息资源，规范小微企业自身的管理，下沉技术红利，进一步惠及小微企业。

　　第三，持续加强小微金融的基础设施建设，包括大数据平台、风险防控体系、法律法规与会计制度等。 金融基础设施作为金融生态的核心，为金融市场健康高效运行提供了基础性保障。 台州市小微金融在现有的基础上，仍需要不断加强小微金融基础设施的建设：一是可以扩宽大数据平台的适用范围，如扩宽至金融市场监管、外贸、税务等领域，充分发挥其积累的数据信息资源；二是持续完善小微金融风险防控体系，金融机构要控制小微企业借贷链和担保链的风险，不断完善社会信用体系，同时，金融机构在助力小微企业融资时也面临着相应的风险，同样需要有相关政策进行兜底，给小微金融进行风险补偿；三是持续完善小微金融法律法规与会计制度，规范小微金融市场，引导金融回归服务实体经济本质，防范化解潜在的金融风险。

第四，推动"融资、融智、融商"多元结合的小微金融服务体系建设。 小微金融服务多层次体系中，目前主要聚焦于"融资"方面，帮助小微企业解决贷款"急、短、少"的需求。 在当前业务产品同质化竞争的局面下，小微金融仍需持续推出具有针对性、创新性的金融产品服务。 另外，为延长小微企业的生存周期、激发小微企业的创新活力，小微金融可以推广"融智"类服务，即在提供融资的基础业务上，充分利用小微金融机构具有的信息价值，为小微企业提供咨询服务，帮助其规范企业管理与科学决策。 此外，小微金融机构整合了丰富的、多渠道的数据信息资源，可以充分发挥机构客户资源优势，帮助小微企业拓展商业对象与渠道，推进其融入更高水平的资金链与商业链。

第五，加强小微金融人才培育，引进培养高层次的专项人才。 台州市小微金融无论是寻求自身进一步的高质量发展，或是要全面推广小微金融"台州模式"，都需要拥有一大批小微金融专项人才。 在小微金融人才紧缺的背景下，台州要加强专项人才的培育：一是要从"政、企、校"三方入手，形成多方合力，共同培养小微金融人才；二是要立足小微金融服务，不断探索改进人才培养方案，培养一批又一批专业能力强、熟悉小微金融的专业人才；三是引进培养高层次的专项人才，为小微金融"台州模式"未来发展注入新动力。

参考文献

［1］Wang，C.，Fang，K.，Zheng，C.，Xu，H.，& Li，Z.（2021）.Credit scoring of micro and small entrepreneurial firms in China. International Entrepreneurship and Management Journal，17(1)，29-43.

［2］丁立宏.略论商业企业经营状况的总评价［J］.经济与管理研究，1998，（4）：x-x.

［3］方匡南，范新妍，马双鸽.基于网络结构 logistic 模型的企业信用风险预警［J］.统计研究，2016，33（4）：50-55.

［4］方匡南，杨阳.SGL-SVM 方法研究及其在财务困境预测中的应用［J］.统计研究，2018，35（8）：104-115.

［5］郭峰，王靖一，王芳，等.测度中国数字普惠金融发展：指数编制与空间特征［J］.2020，19（4）：1401-1418.

［6］郭亚军.综合评价结果的敏感性问题及其实证分析［J］.管理科学学报，1998（3）：30-37.

［7］廖理，谷军健，袁伟，等.新冠肺炎疫情导致小微企业生存率下降［J］.清华金融评论，2021（2）：107-112.

［8］彭张林，张爱萍，王素凤，等.综合评价指标体系的设计原则与构建流程［J］.科研管理，2017，38（S1）：209-215.

［9］沈沛龙，周浩.基于支持向量机理论的中小企业信用风险预测研究［J］.国际金融研究，2010，8：77-85.

[10] 汪应洛.系统工程（第二版）[M].北京:机械工业出版社,2003.

[11] 叶强,刘作义,孟庆峰,等.互联网金融的国家战略需求和关键科学问题[J].中国科学基金,2016（2）:150-158.

[12] 张蔚文,卓何佳,董照樱子.新冠肺炎疫情背景下的用工荒:基于人口流动与复工复产政策的考察[J].中国人口·资源与环境,2020,30（6）:29-39.

[13] 浙江（台州）小微金融研究院,厦门大学数据挖掘研究中心.台州市小微金融发展报告（2020）[M].北京:中国金融出版社,2020.

附录 A 统计上大中小微型企业划分标准

行业名称	指标名称	计量单位	大型	中型	小型	微型
农、林、牧、渔业	营业收入（Y）	万元	Y≥20000	500≤Y<20000	50≤Y<500	Y<50
工业 *	从业人员（X）	人	X≥1000	300≤X<1000	20≤X<300	X<20
	营业收入（Y）	万元	Y≥40000	2000≤Y<40000	300≤Y<2000	Y<300
建筑业	营业收入（Y）	万元	Y≥80000	6000≤Y<80000	300≤Y<6000	Y<300
	资产总额（Z）	万元	Z≥80000	5000≤Z<80000	300≤Z<5000	Z<300
批发业	从业人员（X）	人	X≥200	20≤X<200	5≤X<20	X<5
	营业收入（Y）	万元	Y≥40000	5000≤Y<40000	1000≤Y<5000	Y<1000
零售业	从业人员（X）	人	X≥300	50≤X<300	10≤X<50	X<10
	营业收入（Y）	万元	Y≥20000	500≤Y<20000	100≤Y<500	Y<100
交通运输业 *	从业人员（X）	人	X≥1000	300≤X<1000	20≤X<300	X<20
	营业收入（Y）	万元	Y≥30000	3000≤Y<30000	200≤Y<3000	Y<200
仓储业 *	从业人员（X）	人	X≥200	100≤X<200	20≤X<100	X<20
	营业收入（Y）	万元	Y≥30000	1000≤Y<30000	100≤Y<1000	Y<100
邮政业	从业人员（X）	人	X≥1000	300≤X<1000	20≤X<300	X<20
	营业收入（Y）	万元	Y≥30000	2000≤Y<30000	100≤Y<2000	Y<100
住宿业	从业人员（X）	人	X≥300	100≤X<300	10≤X<100	X<10
	营业收入（Y）	万元	Y≥10000	2000≤Y<10000	100≤Y<2000	Y<100

续　表

餐饮业	从业人员（X）	人	X≥300	100≤X<300	10≤X<100	X<10
	营业收入（Y）	万元	Y≥10000	2000≤Y<10000	100≤Y<2000	Y<100
信息传输业*	从业人员（X）	人	X≥2000	100≤X<2000	10≤X<100	X<10
	营业收入（Y）	万元	Y≥100000	1000≤Y<100000	100≤Y<1000	Y<100
软件和信息技术服务业	从业人员（X）	人	X≥300	100≤X<300	10≤X<100	X<10
	营业收入（Y）	万元	Y≥10000	1000≤Y<10000	50≤Y<1000	Y<50
房地产开发经营	营业收入（Y）	万元	Y≥200000	1000≤Y<200000	100≤Y<1000	Y<100
	资产总额（Z）	万元	Z≥10000	5000≤Z<10000	2000≤Z<5000	Z<2000
物业管理	从业人员（X）	人	X≥1000	300≤X<1000	100≤X<300	X<100
	营业收入（Y）	万元	Y≥5000	1000≤Y<5000	500≤Y<1000	Y<500
租赁和商务服务业	从业人员（X）	人	X≥300	100≤X<300	10≤X<100	X<10
	资产总额（Z）	万元	Z≥120000	8000≤Z<120000	100≤Z<8000	Z<100
其他未列明行业*	从业人员（X）	人	X≥300	100≤X<300	10≤X<100	X<10

具体说明：

第一，大型、中型和小型企业须同时满足所列指标的下限，否则下划一档；微型企业只须满足所列指标中的一项即可。

第二，附表中各行业的范围以《国民经济行业分类》（GB/T4754—2017）为准。带 * 的项为行业组合类别，其中，工业包括采矿业，制造业，电力、热力、燃气及水生产和供应业；交通运输业包括道路运输业，水上运输业，航空运输业，管道运输业，多式联运和运输代理业、装卸搬运，不包括铁路运输业；仓储业包括通用仓储，低温仓储，危险品仓储，谷物、棉花等农产品仓储中药材仓储和其他仓储业；信息传输业包括电信、广播电视和卫星传输服务，互联网和相关服务；其他未列明行业包括科学研究和技术服务业，水利、环境和公共设施管理业，居民服务、修理和其他服务业，社会工作，文化、体育和娱乐业，以及房地产中介服务，其他房地产业等，不包括自有房地产经营活动。

第三，企业划分指标以现行统计制度为准。（1）从业人员，是指期末从

业人员数，没有期末从业人员数的，采用全年平均人员数代替。（2）营业收
入，工业、建筑业、限额以上批发和零售业、限额以上住宿和餐饮业以及其他
设置主营业务收入指标的行业，采用主营业务收入；限额以下批发与零售业企
业采用商品销售额代替；限额以下住宿与餐饮业企业采用营业额代替；农、
林、牧、渔业企业采用营业总收入代替；其他未设置主营业务收入的行业，采
用营业收入指标。（3）资产总额，采用资产总计代替。

附录 B 小微金改大事记

1. 2012 年 12 月，浙江省人民政府批复同意在台州创建浙江省小微企业金融服务改革创新试验区。

2. 2013 年 10 月，浙江省人民政府批准了浙江省小微企业金融服务改革创新试验区的实施方案。

3. 2015 年 12 月，国务院常务会议决定建设浙江省台州市小微企业金融服务改革创新试验区。

4. 2015 年 12 月，浙江省台州市小微企业金融服务改革创新试验区在杭州召开新闻发布会。

5. 2016 年 3 月，浙江省台州市小微企业金融服务改革创新试验区召开推进大会。

6. 2016 年 3 月，中央电视台《对话》栏目播出《金融助力实体之台州样本》。

7. 2016 年 7 月，《人民日报》头版头条刊登台州破解小微企业融资难的经验和做法。

8. 2017 年 5 月，《关于浙江省台州市小微企业金融服务改革创新试验区建设推进情况》获得李克强总理、张高丽副总理圈阅，马凯副总理批示：浙江省小微企业金融服务改革创新试验区取得了一些积极成果，请中国人民银行会同有关部门认真总结经验，研究提出金融服务小微企业发展的可复制可推广的政策措施。

9. 2017 年 9 月，省金融办发文在全省推广台州小微金改经验。

10. 2017 年 9 月，《金融时报》头版刊登《小微企业金融服务改革创新的"台州密码"》。

11. 2017 年 11 月，在全国小微企业金融服务电视电话会议上，台州作为唯一地级市作经验介绍。

12. 2018 年 4 月，台州市小微金融服务创新做法在中改办《改革情况交流》第 17 期上作全面推广，并获省委车俊书记批示肯定。

13. 2018 年 5 月，中央电视台《走遍中国》栏目播出《台州市小微金融上高速》。

14. 2018 年 10 月，泰隆银行在国务院新闻发布会上介绍金融服务小微企业"泰隆模式"。

15. 2018 年 12 月，台州小微金改获省公共管理创新案例评选"十佳创新奖"。

16. 2019 年 6 月，国务院副总理刘鹤在浙江调研中小银行服务实体经济情况时，充分肯定小微企业金融服务"台州模式"。

17. 2019 年 6 月，中国银保监会在台州召开小微企业金融服务经验现场交流会。

附录 C 小微金融指数(台州样本)的构建

(一)指数的建立

小微金融指数（台州样本）包含一个总指数和成长指数、服务指数和信用指数等 3 个二级指数。 持续地追踪和展示在经济新常态下小微企业群体生态趋势，描述和揭示小微企业的生存环境，以"数据依赖"取代传统小微企业服务的"经验依赖"。 采用分层构建指数，3 个二级指标和 9 个三级指标的框架如图 C-1 所示。

总指数综合反映台州市小微企业发展、小微企业金融服务水平和信用环境。 成长指数侧重反映小微企业成长状况、盈利状况和未来的发展潜力状况。 服务指数侧重反映宏观经济发展状况、金融产业发展状况和小微企业金融服务状况。 信用指数侧重反映小微企业偿债能力情况、不良贷款及贷款违约状况和经济涉案及企业逃废债务状况。

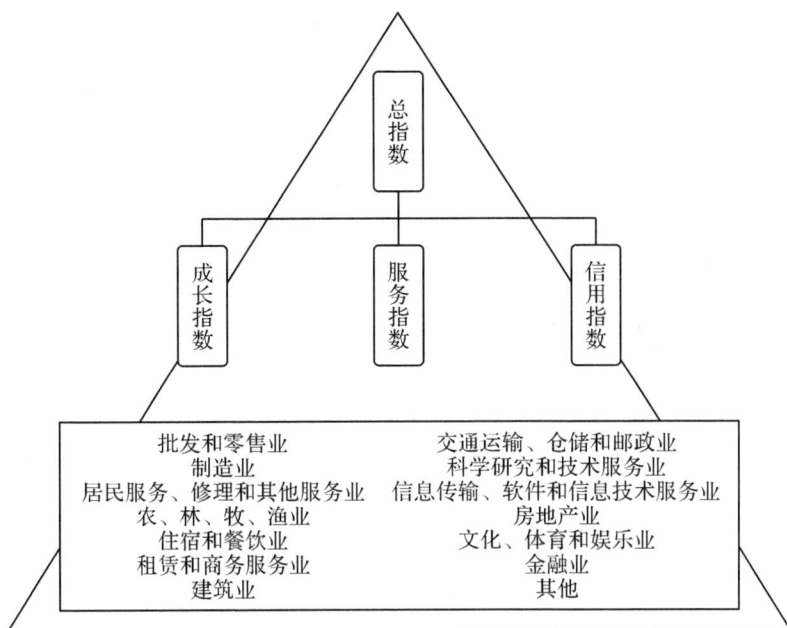

图 C-1　小微金融指数框架

指数是以 2014 年 1 月作为指数基点,按季度计算发布。 之所以选择自 2014 年 1 月作为指数基准点是因为自 2014 年开始,外部环境倒逼机制促进民营企业转型,实现体质升级。

(二)变量筛选

总指数是由成长指数、服务指数、信用指数 3 个二级指数合成的。 二级指数从现有数据来源中获取,如表 C-1 所示。

表 C-1 变量的分指标归类

总指数	二级指数	大数据平台采集指标	二次合成的采集指标
	成长指数	销售收入、进口总额、出口总额、应纳税额、入库税额、用电量	新增企业数、注销企业数、企业注册资本总额
	服务指数	授信总额、已用授信额度、授信起始日期、授信终止日期、抵押土地资产总金额、土地抵押面积、土地抵押贷款金额、房产抵押债权数额、房地产抵押面积	小微企业贷款余额,城商行、农合行和村镇银行贷款加权平均利率,小微企业贷款覆盖率
	信用指数	不良贷款合同金额、不良贷款余额、不良贷款形态、逾期贷款金额、欠税余额、入库税额	BC分类结果、税务处罚金额、质监处罚金额、到期授信续签比率

(三)计算流程

指数的计算流程可分为数据准备与机器学习两部分,如图 C-2 所示。 数据准备部分为指数的计算提供了原材料,机器学习部分是指数计算的核心。

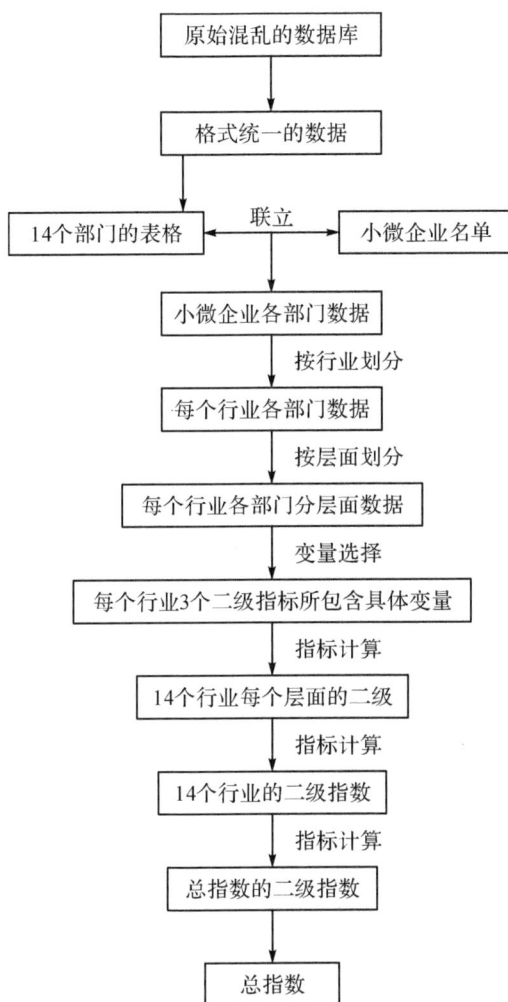

图 C-2　指数计算流程图

1. 数据准备

　　数据准备的目的是从原始混乱的数据库中提取出有效和有用的数据。 这部分主要使用数据库工具 Oracle 进行。 首先进行数据的清洗，包括删除重复的数据条目和无效的数据；调整数据格式，将文本格式转换为数据格式、统一日期格式、统一指标语言。 接下来进行小微企业的筛选，根据销售收入将各个行业的小微企业筛选出来，再与大数据平台的 14 个部门的表格联立，提取出小微企业的数据。

2.机器学习

机器学习部分主要由 R 语言编程进行。变量选择是根据数据内部关系自动生成各个二级指数的变量分布;由路径选择方法将各行业企业按层面计算为 14 个行业的二级指数,再将 14 个行业的指数合成总指数的二级指数,最后将总指数的二级指数合成一级指数。

(四)指数计算

1.路径漂移模型

小微金融指数的计算是基于利用最新信息的路径漂移模型,基本公式如下所示:

$$y(t+1) = F_{1n}(x_t, y_t | S_1, Z_t) + \sigma_{n+1}(x_{\leq t+1}, y_{\leq t}, Z_{\leq t+1})$$

$$= y(t) + [\sigma_{n+1}(x_{\leq t+1}, y_{\leq t}, Z_{\leq t+1}) - \varepsilon_{1t}] \quad (C-1)$$

式中:

$$\sigma_{n+1}(x_{\leq t+1}, y_{\leq t}, Z_{\leq t+1}) = F_{0n}(x_t, y_t | S_1) - F_{1n}(x_t, y_t | S_1, Z_{t-1})$$

$$\varepsilon_{1t} = y(t) - F_{1n}(x_t, y_t | S_1, Z_t) \quad (C-2)$$

能够给出推断性的可能变化过程,用以支持决策。

2.沿路径 S_t 漂移模型

一是分解为长期趋势和短期波动:

$$y_t = y_t^l + y_t^s \quad (C-3)$$

二是长期趋势及其干扰自回归:

$$y_t^l = y_{t-1}^l + \sigma_t^l + \varepsilon_t^l \quad (C-4)$$

$$\log \sigma_t^l = \log \sigma_{t-1}^l + v_t^l u_t^l \quad (C-5)$$

三是短期波动异常点及其干扰自回归:

$$y_t^s = \sigma_t^s s_t \varepsilon_t^s \quad (C-6)$$

$$\log \sigma_t^s = \log \sigma_{t-1}^s + v_t^s u_t^s \quad (C-7)$$

这里异常事件发生概率为:

$$P(s > 1 | U = p), U \sim U(0,1) \quad (C-8)$$

四是给定初始值 $\varepsilon_t^l, \varepsilon_t^s, u_t^l, u_t^s \sim N(0,1), v_t^l, v_t^s \sim U(0,1), P = p$,估计 $\sigma_t^l, \sigma_t^s, s_t$,通过拟合观察值 y_t。

五是沿路径 s_t 的自回归模型：

$$y_t = y_{t-1} + \sigma_0^l \exp \left(\sum_{i=0}^{t} v_i^l u_i^l \right) \varepsilon_t^l + \sigma_0^s \exp \left(\sum_{i=0}^{t-1} v_i^s u_i^s \right) \left[\exp \left(v_t^s u_t^s \right) s_1 \varepsilon_s^t - s_{t-1} \varepsilon_{t-1}^s \right]$$

$$（C-9）$$

本指数主要运用科学的指标体系构建方法，力图全面、及时、有效地反映台州市小微金融运营状况。围绕大样本、广覆盖、高时效的核心要求，深入开展调查研究、测试调整，力求指数编制的理论基础与架构体系科学严密，如图 C-3 所示。

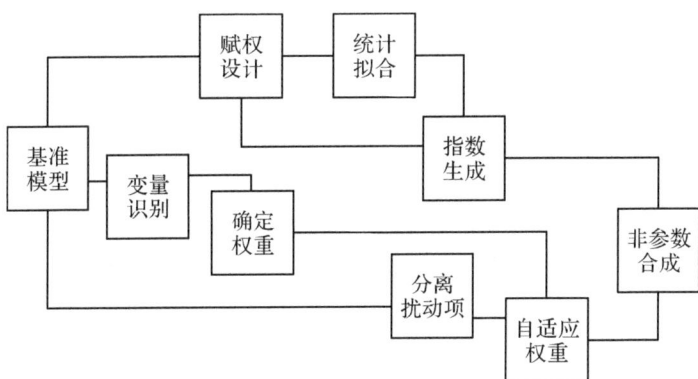

图 C-3　指数生成模型流程图

附录 D　数字普惠金融指标体系与指数计算方法

(一)数字普惠金融指标体系

普惠金融指数科学构建的前提是设计出一个完整、准确的普惠金融指标体系。数字普惠金融指标体系的构建遵循以下原则:第一,同时考虑数字金融服务的广度和深度。数字普惠金融指标体系应该是基于数字金融内涵、特征的综合概括,其所包括的每一个指标和每一个维度都应反映数字普惠金融这一总体的某一个视角。而且不仅要考虑到数字金融覆盖的人群和地域,还要考虑到其被使用的深度,只有这样才能真正刻画出数字金融的普惠价值。第二,兼顾纵向和横向可比性。作为一个动态过程,数字普惠金融的发展随着经济社会和金融体系的发展而不断变化,同一地区在不同年份的数字普惠金融状况会有所变化。此外,不同地区在同一年份由于禀赋、经济发展水平与结构、政策和制度的不同,在数字普惠金融表现上也会存在差异,也需要在数字普惠金融指数上得到体现。因此,所编制的数字普惠金融指数最好应该可以同时进行横向(地区维度)比较和纵向(时间维度)比较。第三,体现数字金融服务的多层次性和多元化。现有关于普惠金融的相关研究,主要是从传统银行业务角度来考虑的,随着金融服务的不断创新发展,金融服务已呈现出多层次性和多元化发展的特征。因此,对数字普惠金融的全面刻画要求所构建的指标体系中不仅包括银行服务(主要是信贷),还要包括支付、投资、保险、货币基金、信用服务等业态,以求更加全面地刻画数字普惠金融的发展水平。

  按照以上所述的指标体系构建原则，在现有文献和国际组织提出的传统普惠金融指标基础上，结合数字金融服务新形势、新特征与数据的可得性和可靠性，我们从数字金融覆盖广度、数字金融使用深度和普惠金融数字化程度等3个维度来构建数字普惠金融指标体系。具体而言，目前数字普惠金融指数一共包含上述3个维度，共计33个具体指标。具体指标如表D-1所示，而数字普惠金融指标体系框架则如图D-1所示。

  在数字金融覆盖广度方面，不同于传统金融机构触达用户的直接体现为"金融机构网点数"和"金融服务人员数"，在基于互联网的数字金融模式下，由于互联网天然不受地域限制，数字金融服务供给在多大程度上能保证用户得到相应服务是通过电子账户数体现的。此外，根据金融监管部门的规定，第三方支付的账户如果不绑定银行卡，就只具备小额转账的功能，其价值将大大受限。因此，绑定银行卡的第三方支付账户，才是真正有效的第三方支付账户，即实现了对这个用户真正的覆盖。特别是随着第三方支付功能的越来越丰富，第三方支付已经成为重要的理财、融资通道，因此绑定的银行卡数量越多，其理财、转账的覆盖面也就会越广，对这个账户所有人的金融服务覆盖面也就会越广，因此一个账户绑定多少银行卡数量也成为数字金融覆盖广度的一个子指标。

  在数字金融使用深度方面，本文主要从实际使用数字金融服务的情况来衡量。就金融服务类型而言，则包括支付服务、货币基金服务、信贷服务、保险服务、投资服务和信用服务。从使用情况来看，既包括实际使用总量指标（每万支付宝用户数中使用这些服务的人数），也包括使用活跃度指标（人均交易笔数、人均交易金额）。

  在普惠金融数字化程度方面，便利性、低成本和信用化等都是影响用户使用数字金融服务的主要因素，这切实体现了数字金融服务的低成本和低门槛优势，因此普惠金融数字化程度也成为数字普惠金融指标体系的重要组成部分。具体而言，数字金融服务越便利（如移动支付笔数占总支付笔数的比例高）、成本越低（如消费贷和小微企业贷利率低）、信用化程度越高（如免押金支付笔数占总支付笔数比例高），则意味着数字普惠金融的价值就越能得到更好的体现。

表 D-1　数字普惠金融指标体系

一级维度	二级维度	具体指标
覆盖广度	账户覆盖度	每万人拥有支付宝账号数量
		支付宝绑卡用户比例
		平均每个支付宝账号绑定银行卡数量
使用深度	支付业务	人均支付笔数
		人均支付金额
		高频度(年活跃在 50 次以上)活跃用户数活跃 1 次及以上比
	货币基金业务	人均购买余额宝笔数
		人均购买余额宝金额
		每万支付宝用户购买余额宝的人数
	信贷业务 个人消费贷	每万支付宝成年用户中有互联网消费贷的用户数
		人均贷款笔数
		人均贷款金额
	小微经营者	每万支付宝用户每年中有互联网小微经营贷的用户数
		小微经营者户均贷款笔数
		小微经营者平均贷款金额
	保险业务	每万支付宝用户中被保险用户数
		人均保险笔数
		人均保险金额
	投资业务	每万支付宝用户中参与互联网投资理财人数
		人均投资笔数
		人均投资金额
	信用业务	自然人信用人均调用次数
		每万支付宝用户中使用基于信用的服务用户数(包括金融、住宿、出行、社交等)

一级维度	二级维度	具体指标
数字化程度	移动化	移动支付笔数占比
		移动支付金额占比
	实惠化	小微经营者平均贷款利率
		个人平均贷款利率
	信用化	花呗支付笔数占比
		花呗支付金额占比
		芝麻信用免押笔数占比（较全部需要押金情形）
		芝麻信用免押金额占比（较全部需要押金情形）
	便利化	用户二维码支付的笔数占比
		用户二维码的金额占比

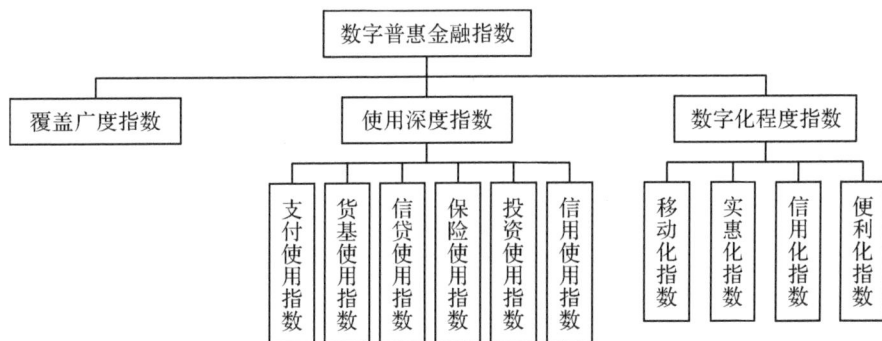

图 D-1　数字普惠金融指数框架

(二)指标无量纲化方法

数字普惠金融不同维度的指标虽然都包含了数字普惠金融某些方面的有用信息，但如果单独使用某一个指标或者某一维度指标，又可能会导致对数字普惠金融现状的片面解读，因此，可以参考传统普惠金融指数编制的方法，将数字普惠金融的多个指标合成一个数字普惠金融指数。不少机构和学者都在编制普惠金融指数方面进行了诸多努力和尝试，为我们提供了非常好的借鉴（Sarma，2012；王伟等，2011；伍旭川和肖翔，2014；焦瑾璞等，2015；陈银娥等，2015）。

在指数合成之前，首先必须先将性质和计量单位不同的指标进行无量纲化处理。无量纲化函数的选取，一般要求严格单调、取值区间明确、结果直观、意义明确、不受指标正向或逆向形式的影响。现有文献一般都采用功效函数的方法。在功效函数多指标综合评价体系中，常见的功效函数很多，有线性功效函数法（或称传统功效函数法）、指数型功效函数法、对数型功效函数法、幂函数型功效函数法等等（彭非等，2007）。目前学术界关于普惠金融指标的无量纲化方法主要有线性功效函数法和指数型功效函数法（Sama，2012；焦瑾璞等，2015；伍旭川和肖翔，2014）。本文结合数字金融快速扩张的特点，为缓解极端值的影响，保持指数的平稳性，采取对数型功效函数法。具体而言，对数功效函数的公式如下：

$$d = \frac{\log x - \log x^l}{\log x^h - \log x^l} \times 100 \qquad (\text{D-1})$$

关于功效函数公式中阈值的确定，如果取各指标不同年份的最大值、最小值作为上下限，当最大值或最小值为极端值或异常值时，容易扭曲指数值，导致地区指数异常。另外，如果各指标的上下限都是基于每年指标情况来设定，会导致不同年份各地区间的指标比较基准发生变化，从而纵向不可比。因此，为了便于今后对各地区数字普惠金融发展水平同时进行横向和纵向比较，我们做了如下处理：（1）对于正向指标，取固定 2011 年各地区指标数据实际值的 95％分位数为上限 x^h，5％分位数为下限 x^l；（2）对于逆向指标，取固定 2011 年各地区指标数据实际值的 5％分位数为上限 x^h，95％分位数为下限 x^l。此外，为了平滑指数，避免种种原因导致的极端值的出现，我们对超过指标上限的地区进行"缩尾"处理：如当某地区基准年（2011 年）的指标值超过该指标的上限 x^h 时，则令该地区 2011 年指标值为上限值 x^h；当某地区 2011 年的指标值小于其下限 x^l 时，则令该地区 2011 年指标值为其下限值 x^l。

根据上述方法，我们就可以计算出某年某地区某指标无量纲化后的数值，在基准年（省级和地市级基准年为 2011 年，县域则以 2014 年为基准年），每个相应指标的无量纲化数值得分区间在 0—100 之间，得分越高的地区，相应指标的发展水平就越高。基准年之后年份的数据，指标的功效分值有可能小于 0 或大于 100。

(三)层次分析法

指标无量纲化之后的任务就是确定不同指标合成时的权重。确定权重的方法有很多,根据计算权重时原始数据的来源不同,大体上可分为主观赋权法和客观赋权法两大类。主观赋权法主要由专家根据经验主观判断而得到,如Delphi法、层次分析法(Analytic Hierarchy Process)等;客观赋权法主要依据各指标的具体数值计算而得到,不依赖于人的主观判断,因此客观性较强,但不能反映决策者的主观要求,常见方法包括主成分分析法、变异系数法等。主观赋权法和客观赋权法各有优劣,因此本文采用了主观赋权与客观赋权相结合的方法来确定权重。具体而言,先利用变异系数法求各具体指标对上一层准则层的权重,再通过层次分析法求各准则层指标对上层目标的权重,最后求得总指数。

变异系数法定权重的基本思路是根据各个指标在所有评价对象上观测值的变异程度大小,对其进行赋权,如果一项指标的变异系数较大,那么说明这个指标在衡量该对象的差异上具有较大的解释力,则这个指标就应该赋予较大的权重。变异系数法的具体步骤这里就不展开了。而层次分析法是一种系统分析与决策的综合评价方法,它较合理地解决了定性问题定量化的处理过程。层次分析法的主要特点是通过建立递阶层次结构,把人们的判断转化为若干因素两两之间的重要性比较,从而把难于量化的定性判断转化为可操作的定量判断。关于"数字普惠金融体系"层面下的3个维度,我们认为数字金融覆盖广度是前提条件,使用深度代表实际使用情况,而数字化程度可以被看作潜在条件。这里,前两者是"普"的体现,后者是"惠"的体现。因此,根据这三者的相对重要性,我们构建了如表D-2所示的判断矩阵。

表 D-2　数字普惠金融体系判断矩阵

	覆盖广度	使用深度	数字化程度
覆盖广度	1	2	3
使用深度	1/2	1	2
数字化程度	1/3	1/2	1

对于"使用深度"层面下的 6 个金融业务维度,我们则将金融服务的门槛(复杂性和风险性)和普及程度作为判断标准,普及程度越高、门槛越低的业务权重越低,相反则越高。据此,从而得到如表 D-3 所示的判断矩阵。

表 D-3 使用深度判断矩阵

	支付	货基	信用	保险	投资	信贷
支付	1	1/2	1/3	1/4	1/5	1/6
货基	2	1	1/2	1/3	1/4	1/5
信用	3	2	1	1/2	1/3	1/4
保险	4	3	2	1	1/2	1/3
投资	5	4	3	2	1	1/2
信贷	6	5	4	3	2	1

对于"数字化程度"层面下的 4 个维度,我们将其对实际生活影响的重要性和业务成熟程度作为判断标准,越不成熟、对实际生活影响越小的业务权重越低,相反则越高。据此,得到如表 D-4 所示的判断矩阵。

表 D-4 数字化程度判断矩阵

	信用化	便利化	实惠化	移动化
信用化	1	1/2	1/3	1/4
便利化	2	1	1/2	1/3
实惠化	3	2	1	1/2
移动化	4	3	2	1

最后,运用判断矩阵确定各指标权重,实际上是构造判断矩阵的特征向量。通过解正互反矩阵的最大特征值,可求得相应的特征向量,经归一化后即可得到权重向量。3 个判断矩阵对应的权重向量分别如表 D-5—D-7 所示。

表 D-5 数字普惠金融体系下 3 个维度权重向量 （%）

维度	覆盖广度	使用深度	数字化程度
权重	54.0	29.7	16.3

表 D-6　使用深度下 6 个业务维度权重向量　　　（％）

业务维度	支付	货基	信用	保险	投资	信贷
权重	4.3	6.4	10.0	16.0	25.0	58.3

表 D-7　数字化程度下 4 个指标的权重向量　　　（％）

业务维度	信用化	便利化	实惠化	移动化
权重	9.5	16.0	24.8	49.7

(四)指数合成方法

在完成指标无量纲化处理和确定指标权重后，就可以进行指数合成了。可用于合成的数学方法很多，常见的合成模型有加权算术平均合成模型、加权几何平均合成模型，或者加权算术平均和加权几何平均联合使用的混合合成模型。在综合比较了 3 种合成方法之后，我们选用了算术平均合成模型，其中主要考虑到该方法的如下特点：在根据对数功效函数计算各指标得分时，各年都以 2011 年相应指标值的上下限为比较基准，因此指标无量纲得分有可能为 0 或负数，为避免最终加权汇总指数值为 0，应采取算术加权平均法。加权算术平均合成模型的公式如下：

$$d = \sum_{i=1}^{n} w_i d_i \qquad (\text{D-2})$$

式中，d 为综合指数，w_i 为各评价指标归一化后的权重，d_i 为单个指标的评价得分，i 为评价指标的个数。

具体指数是由下往上逐层汇总而成的，先计算各层分组指数，然后由各层分组指数加权汇总得到综合指数。其中，在计算数字金融的使用深度指数时，由于 6 块金融业务开始产生的时间不一致，需逐步纳入指数中，为保证指数的稳定性，此时通过权重归一化使得各块业务之间的相对权重保持一致。如 2012 年只有支付、信贷和保险 3 项业务，这 3 项业务的权重分别为：

支付权重＝4％／（4％＋16％＋38％）＝7.3％

保险权重＝16％／（4％＋16％＋38％）＝27.3％

信贷权重＝38％／（4％＋16％＋38％）＝65.4％

当 2013 年开始有互联网货币基金业务时,则相对权重就调整为支付、信贷、保险和货基 4 项业务权重归一化。 若将其他新业务出现,依此类推。 通过逐层算数加权平均合成模型即可计算出最终的数字普惠金融指数。

附录E 台州市信保中心介绍

（一）台州信保中心案例介绍

台州市作为国家级"小微金改"试验区，为解决小微企业"担保难、担保累"问题。2014年11月24日，在台州市政府的主导下，借鉴"台湾模式"设立了台州市小微企业信用保证基金，并成立了台州市信保基金运行中心。

1.成立背景

台州的小微企业占据市场的主体地位，然而它们普遍面临融资难、融资贵、担保难等问题。为了解决困境，更好地推动普惠金融发展，台州市政府走上了金融改革之路，以台湾信保基金为参考，设立台州信保基金。

（1）台州市小微企业融资困境

长期以来，台州市小微企业存在融资难、融资贵的问题。小微企业的会计制度不规范、经营透明度低等因素导致银企信息不对称，使银行出现"惜贷"现象，从而导致企业难以从正规金融机构获得融资。此外，虽然有民间担保机构，但小微企业通常无力承担昂贵的担保费用①。

盲目担保、抱团联保致使小微企业存在担保难问题。由于小微企业普遍缺乏可用于贷款的抵押资产，因此互保联保成为台州较为普遍的借贷担保方

---

① 何德旭、张雪兰:《信用保证基金模式的设计与思考——浙江省台州市小微企业信用保证基金的经验与启示》[J].商业经济与管理,2015年第12期:第45—51页。

式。 但近年来民间借贷纠纷频发，小微企业不愿加入高风险的担保链中，因此不愿找人担保。 担保人多出于主观情面提供担保，但往往对借款企业的借款用途和经营现状缺乏足够的了解，一旦借款人无力偿还债务，担保人将承担相应的责任，因此小微企业不愿意替人担保。

（2）"小微金改"试验区

台州在小微金改的创新之路上已实践多年。 2011 年，台州市政府形成了把台州创建为全国小微金改试验区的初步设想；2012 年，市政府组织力量开展了深入的专题研究，形成小微金改创新的总体思路、框架和方案；2012 年12 月，台州获批浙江省小微金改试验区；2013 年 10 月，浙江省政府向国务院上报台州创建全国小微金改试验区的总体方案；2015 年，国务院同意台州建设国家小微金改创新试验区。 台州信保基金的设立正是台州小微金改在实践探索中的一大亮点。 如表 E-1 所示：

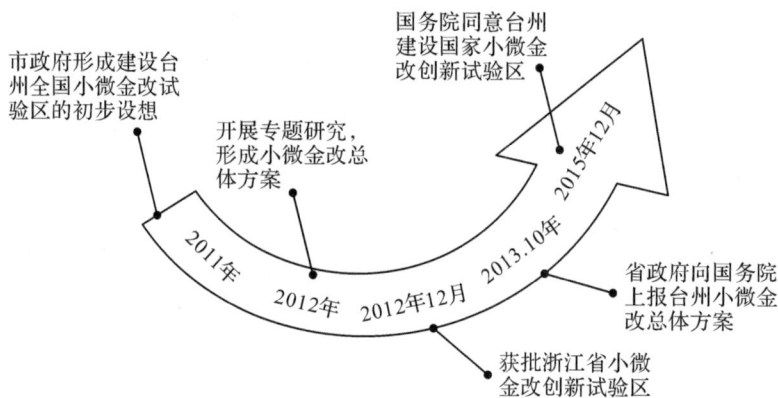

图 E-1 浙江省台州市"小微金改"试验区进程

（3）"台湾模式"的借鉴

台湾的中小企业是中国台湾经济的主力军，为中国台湾经济的发展做出了重要的贡献，其发展同样受到担保难、融资难的限制。 为了改善中小企业的融资环境，中国台湾于 1974 年设立了中小企业信用保证基金，以扶持担保不足但有发展潜力的中小企业。 至今，中国台湾中小企业信保基金已取得了显著的绩效，一再获得国际好评。

台州与中国台湾具有高度相似的经济结构与环境，为了解决小微企业担保难的困境，台州市政府以海峡两岸小微金融发展论坛为契机与中国台湾展开交流，充分借鉴中国台湾信保基金的成功经验，成立了台州信保基金运行中心。台州信保中心效仿"台湾模式"，坚持政府的主导地位，采用市场化的运作方式，与银行密切合作并分担风险，收取较低的保费以保证内部基金的长效运作，拓展资金来源。

2. 基本情况

（1）成立之初

经过多方努力，2014年11月24日，台州信保基金运行中心正式成立，它开创了我国地级市政府与合作银行共同出资成立政策性信用保证基金的先河。

信保中心的服务对象为优质成长型小微企业，采用间接担保的方式运行，风险由信保基金与合作银行共同承担。初始合作银行共有7家，分别为台州银行、浙江泰隆商业银行、浙江民泰商业银行、椒江农村合作银行、黄岩农村合作银行、路桥农村合作银行以及浙商银行台州分行。

（2）资金来源

信保基金初始规模为5亿元，由政府出资和金融机构、其他组织捐资组成，其中市、区两级（包括台州湾循环经济产业集聚区和台州经济开发区）政府出资4亿元，7家合作银行捐资1亿元。

第二期信保基金规模预计将从初创的5亿元增至15亿元，其中政府出资12亿元（省政府出资5亿元）、银行捐资3亿元。

（3）组织架构

成立初信保中心的人员为11人，现已发展为72人。台州信保中心设立理事会，实行理事会领导下的总经理负责制，理事会负责制定基金的战略规划、经营目标、重大方针和管理原则等，并设有审核委员会。信保中心实施法人治理和企业化管理。台州市人民政府金融工作办公室负责其日常管理（如图E-2所示）。

3. 核心内容

信保中心以间接担保的方式展开日常业务，并结合相关政策以及行业需求，推出了专项服务产品。

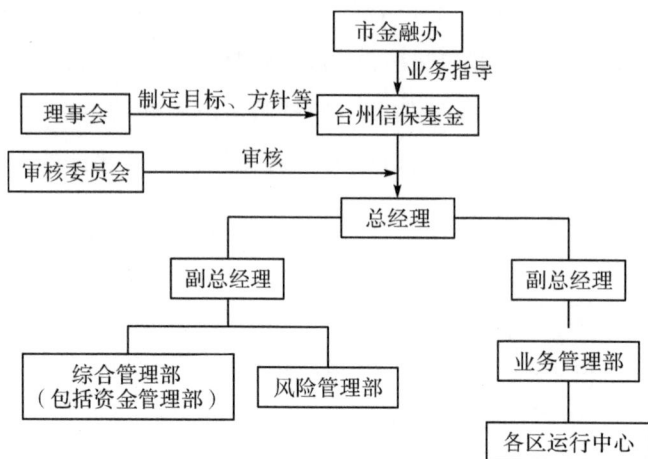

图 E-2　台州市信保基金运行中心组织架构

（1）间接担保

台州信保中心采取间接保证的方式，即由银行协助借款人向信保中心申请基金担保，信保中心审核同意后，银行发放贷款。一旦担保贷款出现风险，信保中心和银行将按 4：1 的比例承担损失，如图 E-3 所示。

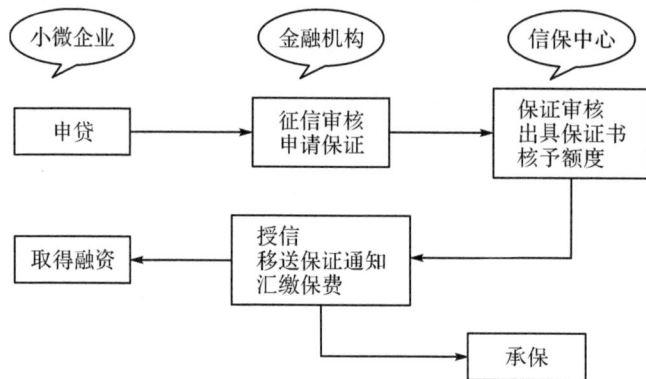

图 E-3　间接保证流程图①

（2）专项产品

信保中心除了常规的担保业务外，还推行了专项服务产品。

特定群体专项产品。 信保中心根据台州市政府对高层次人才的"500 精英计划"扶持政策，出台了"500 精英计划"专项产品；根据政府对创业人群的"创业担保贷款"政策，推出"创业担保贷款"专项产品，涉农创业人群和大学生创业人群等享受"零费率"，2016 年 11 月 3 号推出至今，累计担保授信 2.14 亿元，省内排名领先。

特定政策专项产品。 针对"三农"群体，信保中心研发出"农户担保贷款"产品。 自 2018 年 6 月推出以来至 2019 年 12 月末，累计承保 27.27 亿元，服务农户 7727 人，户均在保 30.81 万元。 更是计划到年底在保余额达 20 亿元，户数达 6500 户，其普惠服务"三农"群体效果显著。

特定企业专项产品。 信保中心结合台州市金融办扶持企业培育上市的相关政策，推出了"省股交中心台州小微板"专项产品，近期还对接台州市市场监督管理局推出了"守合同重信用"专项；对接台州市金融办推出"上市企业"专项。

特定行业专项产品。 信保中心定制了模具行业专项产品，即将推出水泵行业专项产品，还将陆续着手调研其他县市支柱产业专项产品。

特殊业务服务产品。 针对企业抵押品不能全额抵押的问题，根据合作银行的业务需要，信保中心推出不动产余值担保产品，使企业不动产抵押业务能按评估价足额获得融资。

4.业务发展

成立至今，台州信保中心的业务规模不断扩大，同时展开了合作银行和区域的扩容活动。

（1）担保业务发展迅猛

自成立以来，截至 2019 年 12 月末，信保中心累计担保授信 33245 笔，承保金额 332.95 亿元，服务企业 19011 家，在保余额达 97.94 亿元。 信保中心的业务翻倍增长。 信保中心在台州市担保对小微企业担保比率金额占57.18％，户数占 25.24％。 如表 E-1 所示。

表 E-1　在保余额变化

年份	在保余额(亿元)	年增长率(%)
2015 年末	11.44	
2016 年末	26.82	134.44
2017 年末	52.84	97.02
2018 年末	75.96	43.75
2019 年末	97.94	28.94

同时,信保基金作为金融工具,实现了担保放大的杠杆作用。 当前国内担保行业的平均担保放大倍数为 2.2 倍,国外成熟的信保机构担保放大倍率一般是 10 倍,在日本可实现 60 倍[①],台州信保基金实现了首期注册资金的 10 倍放大。

(2)合作银行快捷建立

按照信保中心现有运行规则,合作银行有两种模式:一是捐资合作,即银行捐资给信保基金,并形成业务合作;二是非捐资银行,即银行仅与信保中心进行业务合作。

在信保中心成立初期,共有 7 家捐资银行。 2016 年,信保中心提出大力引导更多的银行参与信保合作,将可参与银行从捐资银行拓展到非捐资银行,信保中心将合作银行从原来的 7 家地方性银行扩展为其他所有银行业金融机构。 截至 2016 年底,信保中心已与 18 家银行达成合作意向。 2017 年 12 月,随着交通银行台州分行与信保中心签订合作协议,信保中心的合作银行数量达到 24 家。 2018 年,新增 2 家捐资银行。 截至 2019 年 8 月底,新增 1 家合作银行。 至此,信保中心的合作银行共有 27 家,其中捐资银行达到 16 家,实现了台州农信系统全覆盖。 如图 E-4 所示。

[①] 王旭红:《中小企业信用担保机构制度的设计原理及理论再研究》[J].湖南财经高等专科学校学报,2006 年第 2 期:第 63—65 页。

图 E-4　合作银行发展时间轴

（3）服务区域全市覆盖

2014 年，信保中心的服务范围为椒江、黄岩、路桥三区。 2016 年，信保中心的覆盖面扩大到温岭、临海和玉环等区域，并且分别设立了信保基金分中心。

2017 年，三门分中心正式授牌。 2017 年底，信保中心打通"最后一个区域"，在天台设立分中心。 至此，信保中心实现了台州市域全覆盖。

(二)台州信保中心运作机理

台州市信保基金运行中心作为政策性担保平台，在其运营体系、业务模式和风险控制等方面有别于融资性担保公司。 基于市场化的运作理念，台州市信保中心与其他各主体之间的运营关系、具体业务模式及流程、对风险的防范与控制共同构成了其独特的运作机理。

1. 运营体系

目前，台州信保中心已具备较为完善的体系，政府为信保基金注资，合作银行为其寻找客户（小微企业）并在取得授信后发放贷款，省担保集团与信保基金实行再担保和担保代偿机制，小微企业获得贷款后具有间接增加税收、促进就业、促进经济发展的作用，如图 E-5 所示。

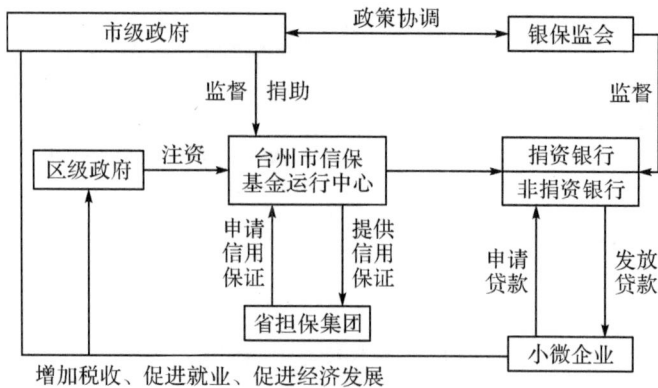

图 E-5　台州市信保基金运营框架图

（1）政府主导

台州市政府主导成立了台州信保基金。 台州市政府积极推动建设信用担保体系，主导成立了台州信保基金，由市政府、区政府共同为其注资。 这是政府为企业提供增信服务的准公共产品的服务，代表官方对企业帮助的一种举措。

（2）服务对象

台州信保中心的服务对象为优质成长型小微企业，更是延伸至个体工商户以及农户个体。 信保中心研发专项产品，通过与商业银行的合作，帮助银行开拓业务，开发边缘客户，从而实现服务小微企业的目的。

信保中心的服务范围包括台州市本级（包括台州湾循环经济产业聚集区和台州经济开发区）、台州主城区（椒江区、黄岩区、路桥区）、台州县级市（临海市、温岭市、玉环市）、台州县区（三门县、天台县等），区域的全覆盖推动着普惠金融服务发展。

（3）业务监管

台州市政府作为出资部门，参与信保基金运行的监管。 银保监会结合政府政策，出台相应的措施指导金融机构妥善解决小微企业的信贷问题。 规范担保业务经营行为，为银行的放贷业务提供政治保障，推进信保中心与银行的合作，深入破解小微企业担保难题。

2.业务模式

信保中心的具体业务模式为：企业向银行提出贷款申请，经银行初步审核后提交给信保中心，信保中心通过内部审核出具保证书，最后由银行向企业发放贷款。即信保中心间接为企业提供担保，为银行提供代偿，保费由银行代为收取，如图 E-6 所示。政银融合互惠互利，合力破解小微企业融资难题。

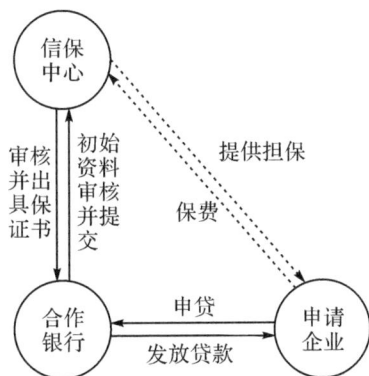

图 E-6　业务流程图

（1）市场化运作

通过银行的市场营销获得客户。信保中心采用间接保证的方式，由银行直接挖掘客户，因为银行对客户市场更为了解且更具有经验。

借助银行间的市场竞争提高对小微企业的融资服务水平。不同类型的银行吸引不同层次的小微企业，从而实现业务分流。这一现象将推动银行进一步提升对客户的服务水平以及潜在客户的挖掘动力。

利率市场化。银行间通过利率的高低竞争客户，利率市场化也成为了小微企业融资贷款的一大福音。

（2）公益性平台

信保基金为小微企业降低融资费用，体现其公益性。

信保中心的担保费率目前定位在 0.75%，远低于台州融资性担保机构的担保费率，如表 E-2 所示。信保中心收取的保费主要用于经营成本，包括支付再担保保费、职工薪酬以及日常运营开支等。对于政府扶持的特定行业、企业与特殊人群，甚至采取零收费的方式。

表 E-2　各担保机构保费比较 （%）

	台州信保中心	国有担保公司	一般担保公司	中国台湾信保基金
保费	0.75	1.5	2—3	0.75—1.5

另外，信保中心限制合作银行的贷款利率上限，使其提供较低的信用贷款利率，解决企业融资贵的问题。

（3）规范化流程

信保中心在审核过程中，根据小微企业的特点，不仅注重财务报表的内容，同时也将重点放在核实企业的销售、纳税、征信及其他"软信息"上，建立业务审核的"三查询"（人行征信系统、全国法院被执行人信息、台州市金融服务信息信用共享平台查询）、"五核实"（核实主体资格、经营状况、信用状况、资产状况、申请业务状况）流程。

3.风险控制

在风控方面，信保中心采用了系统的风险控制技术以及较为完善的代偿机制，如图 E-7 所示。

（1）风控原则

台州信保中心按照"总额控制、市县联动、统分结合、权责对等"的运作模式，借助四大风险控制方式来控制基金保证额度。

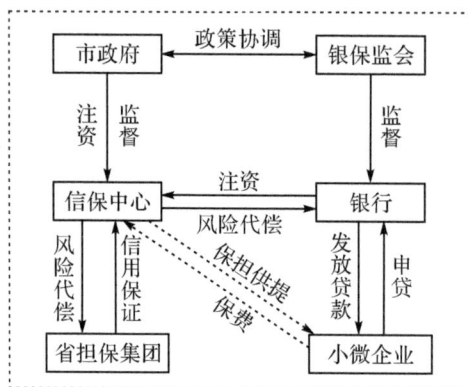

图 E-7　风险控制

总额风险控制。信保中心提供的银行信用保证额度按照不超过基金净值的 10 倍放大。

合作银行单独风险控制。 捐资银行按不超过捐资额的 60 倍使用基金保证额度。 所有非捐资银行信保业务在保余额的总和按一定上限予以控制。

风险控制体系统分结合、相对独立。 金融机构出现一定程度的代偿后，可采取警示、暂停新增业务等措施，具体的代偿风控指标及措施由信保中心根据每年实际情况报理事会同意后予以执行。 信保中心遵循逆周期的操作思路，适当扩大风险容忍度。

建立信保基金风险责任追究制度，防范信保中心、银行、借款人的道德风险。

（2）风险代偿

信保中心为企业提供担保后，与省担保集团进行再担保，向其缴纳 40％的保费收入，省担保集团将为台州信保中心代偿 50％的金额。 同时，信保中心与合作银行按照一定的比例代偿。 为了保证内部资金的可持续性，信保中心向企业收取 0.75％的担保费，降低合作银行因担保产生的道德风险，保障银行在担保贷款业务上做好风控管理工作，提高担保贷款业务的安全性。 如图 E-8 所示。

图 E-8　代偿流程图

风险共担。 信保中心与银行采取风险共担模式，一旦出现损失，信保中心与捐资银行的风险承担比例为 4：1，与非捐资银行的风险承担比例为 6.5：3.5。

风险分担。 信保中心与省担保集团建立合作，符合要求的信保中心业务将在限额内由省担保集团再担保，若信保中心产生了代偿，省担保集团将为其分担 50％的风险，有效增强了信保中心的抗风险能力。

风险补充。 为了调控地区和银行之间授信担保额的不平衡，也为了防范道德风险的产生，县（市、区）、银行分别在基金代偿金额达到出资及捐资金额的 50％时，及时进行信保基金的补充。

（3）风险分担机制

台州信保基金自成立以来，在多方面实行风险分担机制。 政府带领引导，积极推动金融机构参与，充分发挥普惠金融对实体经济发展的保障作用。

政府与银行的出资分担。 台州市、区两级政府与银行按照 4∶1 共同出资。 预计二期资金将扩容至 15 亿元，银行捐资 3 亿元，政府出资 12 亿元。

台州信保基金与银行的代偿分担。 若出现担保代偿，信保基金与捐资银行分别承担 80％、20％，信保基金与非捐资银行分别承担 65％、35％。 通过风险分担，在一定程度上对银行进行约束。

台州信保基金与省担保集团的代偿分担。 台州信保基金向省担保集团缴纳 40％的保费收入，省担保集团为台州信保基金提供再担保，分担 50％的风险。

（4）逆向选择和道德风险

信保基金防范逆向选择。 当银行向借款企业提出超过一定水平的担保要求时，实际上削弱了借款企业的还款能力，反而给银行带来更大风险，得到的回报也更少，这时便出现了逆向选择。 台州信保基金通过一系列限制银行的措施来避免逆向选择：银行与信保基金合作的贷款项目不得追加第三方担保，且对贷款利率进行限制。 其中，信保基金规定捐资银行的利率上限为8.5％，非捐资银行的利率上限为 6.5％。

信保基金规避道德风险。 由于信保基金无法得知企业获得贷款后的行为，此时信保基金便面临着道德风险。 为了规避道德风险，信保基金设立了风险预警机制，即当银行出现一定程度的代偿后，信保基金会采取警示、暂停业务等措施督促银行加强对借款企业的监督。

（三）成效分析

2019 年 4 月 11 日至 2019 年 5 月 11 日，我们对信保和银行工作人员以及申请企业负责人进行问卷调查，采用单因素方差分析从而了解三方对信保基金的成效评价。 有效问卷 179 份，其中信保人员 35 份，占 19.6％；银行人员 76 份，占 42.5％；申请企业 68 份，占 38％。 三类调查主体的数据分布较为均匀。通过数据分析，可见信保基金在服务小微企业、服务商业银行方面已具成效。同时，信保基金在一定程度上发挥功效，突显其社会效益，其首创的"台州模式"为小微金改和普惠金融的发展提供可推广、可复制的经验。

1. 服务小微企业

信保基金在服务小微企业方面，主要有信保满足度、信保受益范围、信保代偿率 3 个评价指标。

（1）信保满足度有待提高

信保满足度是指小微企业获得信保基金担保额度占其担保贷款总额的比例。

根据实地调研数据分析，获得保证贷款额度在 300 万元及以下的企业共有 51 家，占总数的 75%；其次为 301 万—500 万元，共有 11 家，占总数的 16.1%。如表 E-3 所示：

表 E-3　企业获得保证贷款额度的频率分布

担保额度	频率	百分比（%）	累积百分比（%）
300 万元及以下	51	75	75
301 万—500 万元	11	16.1	91.1
501 万—1000 万元	4	5.9	97
1001 万—2000 万元	1	1.5	98.5
2001 万元以上	1	1.5	100
合计	68	100	

另一个较为重要的数据是信保担保额度占企业总贷款需求比例的频数分布。其中，该比例在 10%—30%（不包括）的企业共有 24 家，占总企业数的 35.3%；另外两个较大的占比区间是 10% 以下和 30%—50%（不包括），分别占比 25% 和 20.6%。如表 E-4 所示。

表 E-4 信保担保额度占企业保证贷款需求比例的频率分布

比例	频率	百分比（%）	累积百分比（%）
10%以下	17	25	25
10%—30%（不包括）	24	35.3	60.3
30%—50%（不包括）	14	20.6	80.9
50%—80%（不包括）	9	13.2	94.1
80%及以上	4	5.9	100
合计	68	100	

采用数学差值的方法，我们对台州信保基金担保满足度进行估算，发现当前信保满足度为 18.3%，这意味着信保基金的满足度仍处于较低水平。 由此表明，信保基金还有进一步服务小微企业的空间。 若将满足度提升到 30%，则信保中心需要增加约 1.35 亿元担保额度，信保中心可以此为参考，结合自身经营状况，提升信保满足度。

（2）信保收益范围显著扩大

2015 年末，信保中心的服务企业有 936 家；2016 年末，服务企业 2921 家；2017 年末，服务企业 6675 家；2018 年末，服务企业 13365 家。 2019 年末，服务企业 19011 家。 可见，在服务企业的数量上，增势较为明显。

信保中心服务群体延伸至农户，其中累计承保 27.27 亿元，服务农户 7727 人，户均在保 30.81 万元。 信保受益范围的增大，有利于推动普惠金融的发展，满足了更多群体的需求。

（3）信保代偿率稳定可控

2015 年末，信保年度代偿 163.52 万元，占年底在保余额的 0.14%；2016 年末，年度代偿 569.92 万元，占年底在保余额的 0.21%；2017 年末，年度代偿 2973.42 万元，占年底在保余额的 0.56%。 2018 年末，年度代偿 2437.42 万元，占年底在保余额的 0.32%。 另外，2018 年末，还有风险预警项目 20 笔，承保金额 1643.3 万元，整体风险占在保余额的 0.22%。 2019 年末，信保年度代偿 4675.64 万元，占年底在保余额的 0.66%。 2019 年的数据略低于全市银行业贷款不良率，这也反映了信保中心在风险控制方面较为成功。

2.服务商业银行

信保基金在服务商业银行方面主要有激励业务拓展、促进金融产品开发这两个表现突显其成效。

（1）激励业务拓展

信保中心与银行合作，在一定程度上为银行分担了大量的风险，使其更愿意考虑边缘客户的开发，从而拓展业务。 以银行人员为样本，认为信保中心对银行业务拓展起到帮助作用的平均评分为4.30，即总体而言银行能够借助信保中心拓展一定的业务。

（2）促进产品开发

银行以信保贷这一金融产品的模式向客户推荐信保基金，在某种程度上也为银行开发新的金融产品提供思路。 以银行人员为样本，认为信保中心对银行开发金融产品起到帮助作用的平均评分为4.24，说明信保中心在一定程度上能够促进银行金融产品的开发。

3.发挥信保功能

台州信保基金作为全国首个小微企业信保基金在发挥自身功能方面主要有解决担保困境、实现公益性、发挥社会效益这3个表现突显其成效。

（1）解决担保困境

在解决担保困境方面，我们选取了两个指标——"缓解融资贵问题""解决担保难问题"，并对两个指标进行单因素方差分析。

缓解融资贵问题。 在合作银行利率上，信保中心对捐资银行设置上限8.5%，非捐资银行放贷上限为6.5%。 推动捐资银行与非捐资银行共同竞争，好的客户流向利率低的银行，同时能为企业减少相对的支撑资金，有效缓解融资贵问题。 3个主体的均值都相对较高，其中信保人员达到了5分的均值。 此外，虽然银行人员与申请企业相比信保人员的均值较低，但总体来看处于较高的分值。 可见3个主体对"缓解融资贵问题"这一指标的评价是较高的。 如表E-5所示。

表 E-5　缓解融资贵问题的单因素方差分析①

主体(I)	均值	主体(J)	均值差(I−J)	标准误
信保人员	5.00	银行人员	0.763＊＊	0.154
		申请企业	0.809＊＊	0.157
银行人员	4.24	信保人员	−0.763＊＊	0.154
		申请企业	0.046	0.126
申请企业	4.19	信保人员	−0.809＊＊	0.157
		银行人员	−0.046	0.126

　　解决担保难问题。信保提供免抵押、无需第三方担保的模式，有效解决企业担保链的问题。在该指标的评价中，信保人员仍旧达到了 5 分的均值，银行人员与申请企业同样也与信保人员的评价存在一定的差距，但是总体来看两者的评价均值相比"缓解融资贵问题"这一指标有所上升。由此，我们也可以得出信保基金在解决担保难问题上有显著成效。如表 E-6 所示。

表 E-6　解决担保难问题的单因素方差分析

主体(I)	均值	主体(J)	均值差(I−J)	标准误
信保人员	5.00	银行人员	0.697＊＊	0.157
		申请企业	0.779＊＊	0.160
银行人员	4.30	信保人员	−0.697＊＊	0.157
		申请企业	0.082	0.128
申请企业	4.22	信保人员	−0.779＊＊	0.160
		银行人员	−0.082	0.128

　　（2）体现公益性

　　为了分析信保基金的公益性，我们选取了"担保费率低"这一指标进行单因素方差分析。

　　由于银行的利益与担保费率并无关联，因此银行对于"担保费率低"的评价更为客观。将均值换算成百分制，则信保人员的均值为 98.2，银行人员的

---

　　① 注：＊＊表示均值差的显著性水平为 0.01(下同)。

均值为 84.8，申请企业的均值为 81.2。 以银行人员的均值作为参考，申请企业的均值与其差距仅为 3.2，足见银行人员、申请企业对信保基金公益性的认可程度高。 如表 E-7 所示。

表 E-7　担保费率的单因素方差分析

主体（I）	均值	主体（J）	均值差（I－J）	标准误
信保人员	4.91	银行人员	0.677**	0.156
		申请企业	0.855**	0.159
银行人员	4.24	信保人员	−0.677**	0.156
		申请企业	0.178	0.127
申请企业	4.06	信保人员	−0.855**	0.159
		银行人员	−0.178	0.127

（3）发挥社会效益

基于企业样本分析信保基金发挥社会效益的情况，我们选用了"扩大企业经营规模""提升企业经营信心""提高当地就业率"3 个指标。

此处申请企业的均值都在 4 分以上，表明申请企业对这 3 个指标较为认可。 其中"提高当地就业率"的评价均值相对较低。 由此可知，信保基金在较高程度上能够扩大企业经营规模、提升企业经营信心，并对提高当地就业率具有积极影响。 如表 E-8 所示：

表 E-8　社会效益的单因素方差分析

指标	企业的均值	标准差
扩大企业经营规模	4.25	0.720
提升企业经营信心	4.21	0.764
提高当地就业率	4.10	0.756

（4）信保基金的"台州模式"

小微金融"全国看浙江、浙江看台州"，小微金融的台州模式成为公众关注的焦点。

发展成效。 自信保基金运行以来，截至 2019 年末，信保中心累计担保授信 33245 笔，承保金额 332.95 亿元，服务企业 19011 家，在保余额 97.94 亿元，实现了首期出资规模的 10 倍放大，是目前浙江省内规模最大的服务小微企业的担保机构，一定程度上解决了小微企业融资难、融资贵、担保难等问题，受到社会各界的广泛好评，被选为浙江省"2016 年十大服务小微企业优秀项目"。

"台州模式"。 基于上述理论，可以将信保基金的"台州模式"概括为"一个主题，二元投资，三级分担，四大风控"。

一个主题。 信保基金的成立主要围绕一个主题，即解决担保难题。 其中担保难题主要分为担保累、担保贵、担保链 3 个方面，分别解决了银行惜贷，贷款利率或保费高，以及担保链风险大的难题。

二元投资。 信保基金由政府与银行两个主体共同投资，出资金额比例为 4：1。此外，当基金代偿金额达到出资金额的 50％时，政府和银行应及时进行信保基金的补充。

三级分担。 信保基金为企业提供担保，一旦出现代偿，由信保基金、合作银行、省担保集团三方共同分担风险。 其中，信保基金与合作银行按 4：1 的比例代偿，省担保集团按 50％的金额为信保基金提供再担保。

四大风控。 总额控制：信保中心把对银行的担保额度控制在基金净值的 10 倍以内。 单体管理：捐资银行按不超过捐资额的 60 倍使用基金保证额度。所有非捐资银行信保业务在保余额的总和按一定上限予以控制。 风险预警：金融机构出现一定程度的代偿后，可采取警示、暂停新增业务等措施。 责任到人：防范信保中心、银行、借款人的道德风险。

可复制可推广。 自 2015 年至 2019 年底，温州、江苏泰州、山西阳泉、嘉兴、吉林通化等地陆续成立信保基金，其中吉林通化 2018 年下半年多次来访我市中心调研，在当地规划建立信保基金推动普惠金融服务小微金融的发展，并且嘉兴发展较快成效显著。 目前，衢州、湖州、金华还在学习筹备之中。

2018 年 10 月，国家融资担保基金调研组到访台州市信保中心调研，就推进加快形成政府性融资担保体系、建立政银担风险分担机制等方面开展座谈交流，深入学习"台州模式"，在做法上部分参考台州模式。 目前，截至 2019 年 6 月末，信保中心累计实现再担保合作业务规模 1462 亿元，担保户数超过 8.5 万户，与 12 家全国性银行签订合作协议，加快推进政府性融资担保体系的构建，共同服务好小微企业、"三农""双创"等普惠领域。

(四)启示

上述分析及评价表明台州信保基金的运作方法能够带来显著成效，具有实际借鉴意义。

1. 坚持非营利性

信保中心坚持非营利性的定位，以无抵押、保费低为企业解决担保难、融资贵问题。 一般担保公司通过收取较高保费获得盈利，而信保中心作为非营利性组织，其费率固定在 0.75%，收益仅用于维持日常经营。 对于部分受到政策扶持的行业、企业，信保中心免收保费。

2. 扶持小微企业

信保中心以优质成长型小微企业为服务对象并促使其规范化管理。

一方面，实现贷款上的"个转企"。 信保中心摒弃个人贷款方式，要求申请人以企业的名义进行贷款，从而引导小微企业重视财务上的规范和企业信用建设。

另一方面，倒逼企业转型升级。 信保中心结合相关政策（如"三改一拆"），对不达标企业实行差异化审核，从一定程度上倒逼企业转型升级。

3. 立足政府导向

政府的主导地位促使信保基金的成立与发展。 信保基金的创设是台州市政府结合当地现状、借鉴台湾经验的成果，其业务的顺利展开也离不开政府的大力支持。 政府不仅在其成立初期提供一定的资金，同时也针对信保基金的实际发展需求形成了资金补充长效机制。

4. 市场化运作

信保中心与银行合作从而获得准确的客户市场。 一般的担保公司存在获客难问题，信保中心则借助银行固有的市场推广获取客户。 此外，银行自身具备较为专业的信贷风险把控技术，在银行向信保中心推荐客户前，银行将对客户进行前期调查，信保中心在此基础上进行审核，能够有效降低审核风险，确保审核的客观性与高效性，获取精准的客户市场。

5.防范道德风险

信保中心通过对合作银行的风险共担和单独风控解决银行的道德风险问题。 信保中心与银行按 4∶1 的比例承担损失，使银行在对企业进行初审时不会降低审查和监督标准。 此外，通过限定担保额度上限并设置警示线、暂停线迫使银行做大业务量从而降低不良指标，因为银行不愿承受担保暂停带来的损失，所以不得不重视代偿率的控制。